바다로 간
가우디

바다로 간 가우디

초판 발행 2004년 7월 10일 | **개정판 2쇄 발행** 2024년 4월 5일
글 다지마 신지 | **그림** 강우현 | **옮김** 김미월
펴낸곳 계수나무 | **펴낸이** 위정현 | **출판등록** 2001.1.9 제10-2091호
주소 10881 경기도 파주시 회동길 483(문발동 635-2)
전화 편집부(031)948-6288 영업부(031)948-8765
팩스 (031)948-6621 | **이메일** gesunamu21@hanmail.net
블로그 blog.naver.com/gesunamu21 | **페이스북** facebook.com/gesunamu
인스타그램 instagram.com/gesunamu212019

ISBN 979-11-87914-56-3 (73830)

Korean edition ⓒ 글 다지마 신지 그림 강우현 2004
Japanese edition ⓒ Tajima Shinji, Tokyo 1995
English edition ⓒ Tajima Shinji, 1997
Published Japanese edition by Tohdosha, Tokyo 1995
Published English edition by Oxford University Press, 1999

이 책의 모든 권리는 저작권자와 계수나무 출판사에 있습니다. 저작권법에 의해 한국 내에서 보호를 받는 저작물이므로 무단전재와 무단복제를 금합니다.

바다로 간 가우디

다지마 신지 글 | 강우현 그림 | 김미월 옮김

계수나무

차례

대자연 수족관	7
물고기들의 대회의	29
비밀 탈출 작전	42
드디어 바다로	68
혼자 남은 가우디	89
사랑해, 로티	101
생명의 나무는 어디에	130
자연을 돌려다오	144

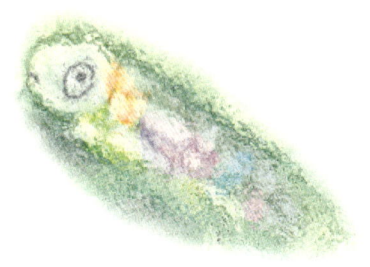

한국의 독자들에게 | 다지마 신지 164
하늘, 땅, 바다 그리고 인간은 하나

그림을 그리면서 | 강우현 167
가우디의 본마음은?

작품을 옮기고 나서 | 김미월 170
죽음을 부르는 카운트다운

대자연 수족관

"으으으으……."

커다란 수족관 속의 바위 위에서 바다거북 한 마리가 등딱지를 떨면서 괴로워하고 있었다. 그 거북의 이름은 '가우디'였다. 가우디는 정말 큰 거북이었지만, 수족관에 있는 어느 누구도 그가 앓는 소리를 듣지는 못했다. 가우디의 신음 소리는 그의 집채만 한 등딱지 밑에서 꾸르륵거리다가 수족관 위에 떠다니는 흰 거품 속으로 사라져 버렸다.

가우디의 등딱지에는 따개비와 바닷말이 붙었던 자국들이 잔뜩 남아 있었다. 그는 잠시 헤엄치다가 목을 천천히 내밀며 슬픈 표정으로 한숨을 쉬었다. 그러고는 다시 수족관 바닥으로 내려가 바위 위에 엎드려 흐느껴 울었다.

"아, 언제쯤 내가 살던 바다로 돌아갈 수 있을까? 넓은 바다에서 자유롭게 헤엄치고 싶어. 단 하루만이라도, 햇살이 조각조각 부서져 들어오는 바다에서 헤엄칠 수만 있다면……. 이 수족관을 좀 봐. 우리들이 조금만 헤엄쳐도 금방 유리벽에 머리를 부딪치고 만다구. 게다가 우릴 보면서 즐거워하는 사람들이라니. 지긋지긋해. 아, 정말 바다로 돌아가고 싶어!"

'대자연 수족관'이라는 커다란 네온사인 간판이 걸려 있는 이 곳은 대도시의 백 층짜리 건물 꼭대기에 있었다. 대자연 수족관은 아름다운 바닷속 풍경을 높은 하늘 한가운데 옮겨 놓았다고 매일 떠들썩하게 광고를 해댔다. 그래서 날마다 수많은 사람들이 고속 엘리베이터를 타고 올라와 북적거렸다. 그들은 신비한 바닷속 세계를 하늘 위에서 구경할 수 있다는 것이 참으로 멋진 일이라고 생각했다.

사실, 누가 백 층 높이에서 바다 생물들을 볼 수 있을 거라고 상상이나 했겠는가. 수족관 사람들은 이 대단한 성공에 어깨가 으쓱해졌다. 그래서 몇 년 뒤에 백오십 층짜리 빌딩의 옥상에도 세계 최대의 동물원을 만들 계획까지 세웠다. 그러나 이 문제에 대해 사람들은 저마다 다른

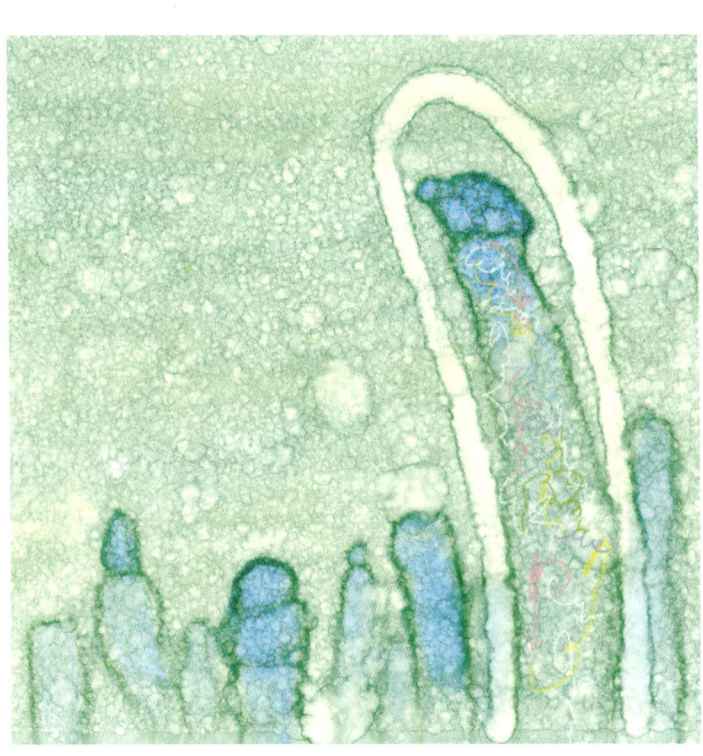

의견을 냈다.

"그렇게 높은 곳에서 동물이 살 수 있을까요? 예를 들어, 기린은 눈이 팽팽 돌아서 죽을지도 모르잖아요."

고소공포증이 있는 한 직원이 쭈뼛거리면서 이야기를 꺼냈다. 관장은 가소롭다는 듯이 콧방귀를 뀌었다.

"쓸데없는 소리 말게. 기린은 원래 멀리 보고 싶은 욕심 때문에 목이 길어진 거야. 목이 길면 긴 만큼 더 멀리 볼 수 있으니까. 백오십 층 높이면 멀리 있는 고향 아프리카까지 볼 수 있을 테니, 오히려 기뻐하지 않겠나?"

관장은 이렇게 농담을 하고 나서 직원들에게 말했다.

"그렇지만 우리가 동물들이 얼마나 기뻐하느냐 슬퍼하느냐를 생각할 필요는 없어. 동물을 어떻게 이용해서 사람들을 즐겁게 할 수 있을까만 생각하라구. 동물원이란 원래 사람을 위해 만들어진 곳이니까."

가우디는 밤마다 수족관의 창을 통해 캄캄한 도시를 내려다보았다. 어둠 속에서 쉬지 않고 깜빡거리는 네온사인이 외로워 보였다. 사람들은 참 이상한 세상에서 살고 있다는 생각이 들었다. 가우디는 너무나 많은 생각을 하느라 머리가 아팠다. 심지어 뒷머리는 약간 부어올라 있기까지 했다. 가우디는 하얀 거품을 뿜어 내면서, 도시의 밤풍경 위에서 천천히 헤엄쳤다.

    가우디가 사는 대자연 수족관 안에는 남쪽 바다에서 잡혀 온 수많은 물고기들이 함께 살고 있었다. 그 중에서도 특히 수가 많은 방어와 고등어는 언제나 끼리끼리 몰려다니면서 우아하게 회전춤을 추기도 했다.

    그러나 혼자였던 가우디는 수족관의 한쪽 구석에서 끊임없이 한숨을 쉬고, 끙끙거렸다. 가우디가 토해 내는 흰 거품들은 마치 방귀처럼 물 속에서 부글거렸다. 처음에는 모두 가우디가 장난을 치고 있는 것이라고 생각했다. 그러나 날이 갈수록 물은 부옇게 흐려졌고 맛도 떨떠름해졌다. 물고기들은 가우디에게 점점 신경이 쓰였다.

    어느 날, 덩치가 크고 힘도 세 보이는 방어 한 마리가 다른 물고기들을 모아 놓고 먼저 말을 꺼냈다.

    "슬픈 소식이 있소. 이 수족관에서 살아가는 우린 모두 친구요. 그런데 우리들의 친구인 가우디가 무슨 일 때문인지 괴로워하고 있소. 누군가 그 이유를 알고 있다면 가르쳐 주기 바라오."

맨 뒤에서 이야기를 듣고 있던 큰 고등어가 퉁명스럽게 대꾸했다.

"괴로워하는 건 자기 마음이지만, 이렇게 좁은 공간에서 저토록 눈물만 주룩주룩 흘려 대면 어떡합니까? 우리들은 숨쉬기도 힘들다구요. 수족관의 물은 가우디 혼자만의 것이 아니잖소?"

큰 방어는 물고기들을 죽 훑어보더니 입을 열었다.

"맞는 말이오. 그런데 가우디가 어째서 그렇게 되었는지, 아는 이가 아무도 없소? 우리는 모두 친구요. 기쁜 일도 슬픈 일도 함께해야 하오. 가우디의 고민을 해결해 주지 못한다면, 우리도 모두 병이 들어서 온몸이 썩어 버릴지도 모르오."

방어는 뻐끔거리며 말을 끝내고는 등지느러미를 세차게 흔들어 댔다. 그러자 주위에 모여 있던 다른 물고기들도 덩달아 지느러미를 팔랑거렸다. 물고기들은 큰소리로 떠들면서 회의를 시작했다. 그러나 수족관 밖에서 그들을

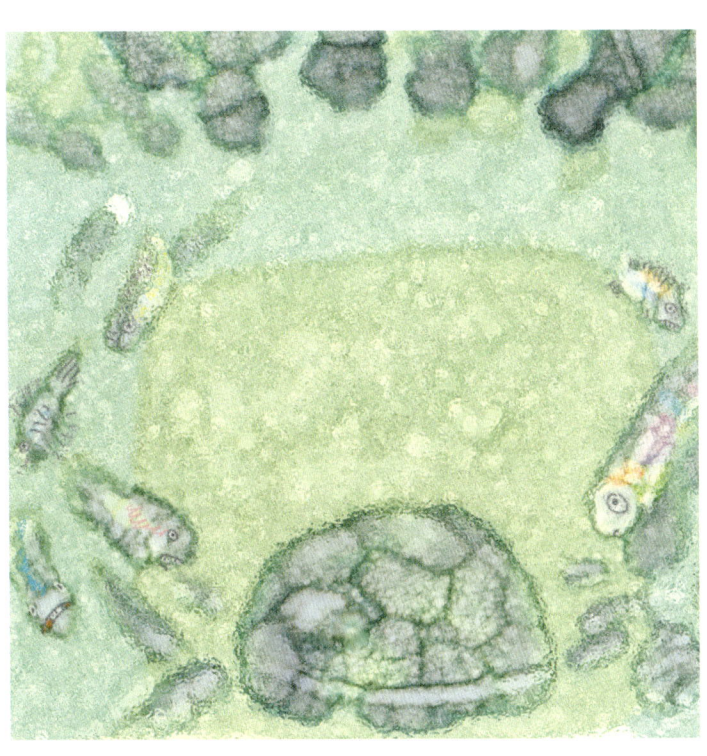

구경하는 사람들은 아무것도 눈치 채지 못했다. 그들은 물고기들이 여느 때처럼 입을 뻐끔거리고 있다고만 생각했다. 사람들은 물고기들이 회의를 하리라고는 상상도 못 하기 때문이다.

나이도 젊고 기운도 팔팔해 보이는 중간 크기의 방어가 씩씩하게 말했다.

"자, 이럴 게 아니라 직접 찾아가서 물어 보기로 합시다. 가우디에게 가서 무엇이 그렇게 괴로운지, 누군가가 물어 보는 것이 어때요? 이야기를 들어 보고, 우리들이 할 수만 있다면 그를 도와줍시다."

그러자 큰 방어가 제자리에서 한바퀴 돌면서 대답했다.

"좋은 의견이오. 가우디가 어리석고 욕심 많은 울보라고 말하는 이들도 있지만, 사실 가우디만큼 참을성 있고 용감한 친구도 없을 거요."

다른 방어가 잽싸게 끼어들었다.

"하긴, 바위 위에 앉아서 목을 쑥 내밀었다가 움츠리는 걸 봐요. 가우디만 한 재주꾼은 이 수족관 안에 없다구요. 그나저나, 누가 대표로 가우디한테 가실라우?"

그 방어의 익살스러운 말투에 모여 있던 물고기들이 모두 크게 웃었다. 그러면서도 물고기들은 가우디를 걱정하며 회의를 계속했다.

  저녁때가 되었다. 하루 종일 북적거리던 관람객은 모두 만족한 표정으로 돌아갔다. 직원들도 모두 퇴근했다. 수족관에 밤이 찾아왔다. 이따금 개구쟁이 날치가 물을 차고 날아오르는 소리만 울려 퍼질 뿐, 수족관은 고요했다. 고층 빌딩 위로 막 잠에서 깨어난 듯한 초승달이 빛나고 있었다. 달빛은 서늘한 바람을 타고 밤하늘로 부드럽게 퍼져 나갔다. 아무도 눈여겨보지 않았지만, 기러기 여섯 마리가 넓은 밤하늘을 가로질러 날아가고 있었다.

  밤이 깊었다. 그런데도 물고기들의 회의는 끝나지 않았다. 누가 물고기 대표로 가우디에게 갈지 아직도 정하지 못했기 때문이다. 대표를 뽑는 것은 쉬운 일이 아니었다.

  수족관 우두머리나 마찬가지인 큰 방어가 가자니, 너무 야단스러운 일 같았다. 게다가 그 방어는 평소에 거북이란 종족을 업신여겼기 때문에 가우디는 화가 나서 말도 하지 않을 것이었다. 그렇다고 큰 고등어를 보낼 수도 없었다.

가우디는 평소에 큰 고등어가 헤엄치는 모습도 이상하고, 잘난 체한다며 매우 싫어했다. 뿐만 아니라 큰 고등어는 말과 행동이 다를 때가 많았기 때문에, 갔다 와서 엉터리로 보고할지도 몰랐다.

"그렇다면, 천사처럼 귀여운 새끼 물고기를 보내는 건 어때요?"

누군가가 말했다. 그 말에 새끼 물고기의 부모들이 흥분했다.

"그 무슨 당치도 않은 말씀이오? 우리 애를 그 사나운 거북에게 보내다니. 가우디 그 양반은 배가 부를 때에는 너그럽지만, 배가 고프면 금방 사납게 변해 버린다구요. 지금 울고 있는 것도 진짜인지 가짜인지, 우리가 어떻게 알겠어요?"

부모 물고기들은 온몸을 부르르 떨며 반대했다. 그러자 곁에 있던 나이 많은 암 고등어가 거들었다.

"거북은 둔한 것처럼 보이지만, 사실은 성질이 고약해요. 그러니 이런 어리석은 토론은 그만둡시다. 가우디의 고민이 무엇인지 알게 된다고 해도 우리는 도와줄 수 없을 거예요.

고민은 스스로 해결해야지요. 거북이 하는 고민을 물고기인 우리들이 어떻게 해결할 수 있겠어요?"

몸이 약해서 늘 골골거리는 늙은 방어가 끼어들었다.

"하지만 한 수족관에 살고 있으니, 우리는 한 가족이나 다름없어. 같은 물에서 태어나 함께 살다가 함께 죽을 우리들 아닌가? 그러니 기쁜 일도 슬픈 일도 함께해야지. 나는 요전에 조개의 고민도 들어주었다네."

바로 그 때였다. 기운이 팔팔한 젊은 방어가 재빠르게 한바퀴 돌고 나서 모두의 앞으로 나왔다.

"좋아요. 그렇다면 제가 가겠습니다. 정말 슬플 때에는, 누가 옆에 있어 주기만 해도 속마음을 털어놓게 된다구요. 아마 가우디 아저씨는 말할 상대가 없어서 외로워하는 걸 거예요. 틀림없어요!"

그 말을 들은 다른 물고기들은 깜짝 놀라 눈알을 뱅그르르 돌렸다. 젊은 방어는 언제나 바위 뒤에서 홀로 생각에 잠겨 있기를 좋아하는 얌전한 물고기였기 때문이다. 떼 지어 몰려다니는 것을 좋아하는 물고기들이 보기에, 그 젊은 방어의 행동은 좀 이상했다. 그래서 다른 방어나 고등어들은 평소에 젊은 방어에게 인사도 하지 않았다. 어쨌든 골치 아픈 일에 이 별난 방어가 나서자 물고기들은 모두 기뻐했다. 그래서 일제히 꼬리지느러미를 흔들었다. 큰 방어가 위엄 있는 목소리로 물었다.

"자네의 이름이 뭔가?"

젊은 방어는 꼬리지느러미를 아래로 내리며 공손하게 대답했다.

"제 이름은 푸루입니다."

큰 방어는 기특하다는 듯이 아가미를 빠끔거리며 말했다.

"오, 그래. 푸루 군, 가우디의 고민을 들어주기 위해 대표로 나서다니, 용기가 대단한걸. 아무쪼록 몸조심하고 잘 다녀오게나."

푸루는 다른 물고기들이 모두 잠들 때까지 기다렸다. 물고기들이 깨어 있으면 가우디가 그들에게 신경을 쓸 것 같았기 때문이다. 그러면 자신에게도 속마음을 털어놓지 않을 것이 분명했다. 물고기들이 모두 잠들자, 푸루는 슬슬 움직이기 시작했다. 그러더니 단숨에 가우디가 누워 있는 바위까지 헤엄쳐 갔다.

가우디는 너무 울어서인지 눈이 새빨갛게 되어 있었다. 그것을 본 푸루는 가우디를 기쁘게 해 주려고, 그 앞에서 재빠르게 세 바퀴를 도는 재주를 부렸다. 울다 지친 가우디는 귀찮다는 듯한 표정으로 푸루를 올려다보았다.

"이봐, 한밤중에 대체 무슨 볼일이야? 내 우는 꼴이 보고 싶거든 낮에 올 것이지. 사람들만 나를 업신여기는 줄 알았더니, 이젠 물고기까지……. 냉큼 돌아가. 나를 가만히 내버려 두란 말이야."

가우디의 두 눈에서 굵은 눈물방울이 뚝뚝 떨어졌다.

"아니에요. 저는 가우디 아저씨가 걱정돼서 찾아왔습니다. 물고기들이 모두 모여서 회의를 했거든요. 그래서 제가 대표로 온 거예요. 아저씨에게 무슨 일이라도 생긴 게 아닌가 알아보려고요."

"알아보다니, 뭘 알아본다는 거야?"

"아저씨, 아저씨처럼 멋진 분이 왜 날마다 울고 계시는 거예요? 아저씨가 계속 눈물을 흘리셔서 모두 걱정하고 있어요. 한 가족이나 다름없는 아저씨가 괴로워하고 계신데,

우리 물고기들이 어떻게 가만히 보고만 있겠어요?"

가우디의 눈이 순간 번쩍 빛났다. 가우디는 빠른 속도로 말했다.

"나 말이야. 실은, 바다로 돌아가고 싶어. 바다, 내 고향 바다 말이야. 그 바다로 지금 당장 돌아가고 싶다구. 이젠 이런 곳에서 더 이상 살고 싶지 않아. 아아, 나는 절대로 여기서 이렇게 살다가 죽을 수 없어. 누가 이 감옥 같은 수족관에서 날 좀 꺼내 주었으면 좋겠어. 여기서 나갈 수만 있다면, 어디라도 괜찮아."

가우디는 그렇게 부르짖고는 또다시 눈물을 줄줄 흘리기 시작했다.

"저 콘크리트 벽을 봐. 여기 이렇게 갇혀서 살아가야 한다니, 답답해서 죽을 것 같아. 그리고 또 눈앞에서 번쩍이는 이 투명하고 단단한 커튼을 봐. 유리창 말이야. 바다로 돌아가고 싶어서, 내가 저기에다가 머리를 얼마나 부딪쳤는지 아니? 오오, 그리운 바다, 푸르고 드넓은 바다 밑을 마음껏 헤엄칠 수만 있다면 나는 죽어도 한이 없겠어."

가우디는 눈물이 그렁그렁한 눈으로 수족관의 유리벽을

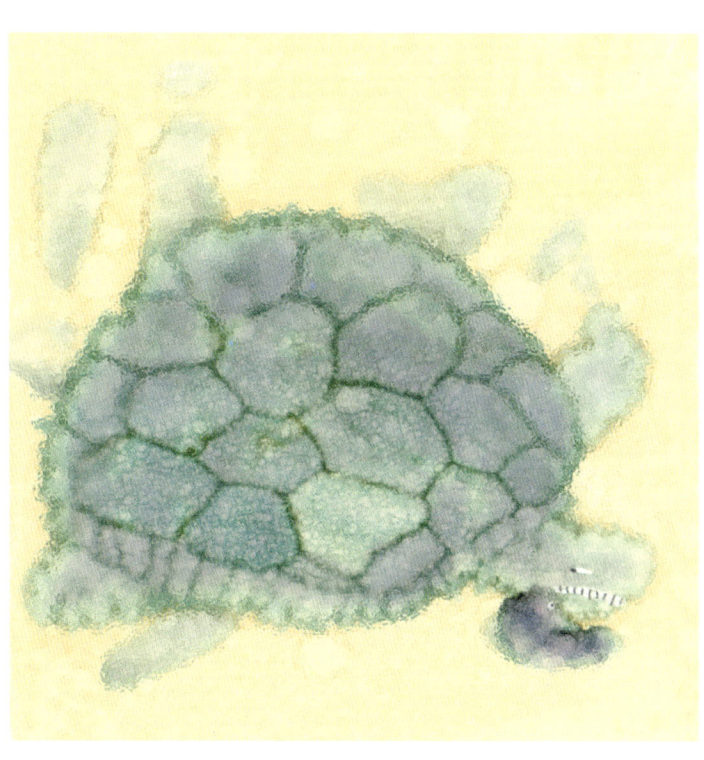

쳐다보았다.

"사람들은 왜 우리들을 수족관이나 동물원에 가두어 놓고 구경하기를 좋아하지? 도대체 뭐가 재미있다는 거야? 입장 바꿔 생각해 보라지. 자기들 머리 가죽을 벗겨서 북을 만들고, 등가죽을 벗겨서 밧줄을 만들어도 그렇게 재미있을까? 연한 고기를 먹겠다고 자기 자식들을 죽이면 좋겠어? 사람들은 너무 잔인해."

가우디는 몹시 흥분해 있었다.

"사람들을 모조리 잡아다가 동물원에 가둬야 해! 우리는 밖에서 낄낄거리면서 그들을 구경하고 말이야. 그렇게 해야 사람들도 여기 갇혀 사는 우리 기분을 이해할 수 있을 거야……. 아니, 아니지. 그들이 어떻게 우리를 이해할 수 있겠어? 그들은 사람인데 말이야."

가우디는 풀 죽은 목소리로 말하더니, 곧 꿈을 꾸는 듯한 눈빛이 되었다.

"아, 내 눈에는 아름다운 푸른 바다가 보이는 것 같아. 그 바다를 다시 한 번만 볼 수 있다면……. 벽이 없는 그 곳에서 한 번만이라도 자유롭게 헤엄쳐 볼 수 있다면……."

푸루는 천천히 고개를 끄덕였다. 가우디의 말에 가슴이 아팠다.

"아저씨가 바다로 돌아가고 싶어하실 줄은 꿈에도 몰랐어요. 저는 아주 어렸을 때부터 어른들에게 이 세상에 수족관보다 좋은 곳은 없노라고 들어 왔거든요. 하지만 아저씨 말씀을 들으니 수족관이 가장 좋은 곳이 아니라는 걸 알겠어요. 아저씨, 모두가 아저씨를 걱정하고 있어요. 우리가 도울 일이 있으면 말씀해 주세요. 모두가 힘을 합치면 뭔가 해낼 수 있을 거예요. 누가 뭐래도 가우디 아저씨는 이 대자연 수족관에서 가장 별난……."

푸루는 여기까지 말하다가 얼른 입을 다물었다.

"별나다고? 그럼, 내가 별난 구경거리라는 말이냐? 네놈들은 언제나 어처구니없는 소리만 하지. 제 한 몸도 수족관에서 빠져 나가지 못하는 주제에 나를 도와주겠다고? 바보 같은 소리 좀 작작해. 너희들은 이 수족관이 가장 살기 좋은 천국이라고 생각하고 있는 것 같은데, 천만의 말씀이야. 저 넓고 깊은 진짜 바다에 비하면, 이 수족관은 조그만 유리컵에 불과할 뿐이라구!"

푸루는 이 말에 더욱 놀라고 말았다.

"네에? 유리컵이라구요? 이렇게 멋지고 훌륭한 수족관을 유리컵이라고 하시다니. 그러니까 모두들 아저씨를 바보 취급하는 거예요. 혹시 이 노래 들어 보셨어요? 우리는 이 아름다운 보금자리를 위해 노래를 만들었어요. 자, 들어 보세요."

푸루는 노래를 부르기 시작했다.

환하게 빛나는 전깃불 아래
거기서 우리는 태어났네
행복한 수족관
늘 배가 부른 곳
근심 걱정도 없이
모두가 사이좋게 살아가는
우리들의 수족관
오, 아름다운 우리의 고향

"집어치워! 그런 노래로 나를 위로할 수 있다고 생각해?

소용없어. 지금 내가 바라는 건 인간이 만든 이 유리 상자 속에서 구경거리로 사는 게 아니라, 진짜 바다로 돌아가는 일이야. 알겠어?"

가우디는 푸루에게 호통을 쳤다.

"진짜 바다라구요?"

"그래. 진짜 바다는 좁아 터진 이런 수족관과는 전혀 달라. 너희 작은 물고기들은 자유로운 듯 매일 이 수족관 속에서 쓰으쓰으 헤엄쳐 다니지. 하지만 진짜 바다는 너희들이 상상도 못할 만큼 넓어. 말로 표현할 수 없을 정도라구."

가우디는 어느새 눈물을 멈추고 말을 이어 갔다.

"이 바위를 봐. 인간이 플라스틱이라는 걸로 만든 가짜 바위야. 진짜가 아니라구. 그래서 몇 년이 지나도 닳지 않지. 이끼도 끼지 않잖아. 바닷말도 플라스틱 바위 위에서는 살 수가 없다구. 일 년 내내 똑같은 모양을 하고 있는 저 바닷말도 가짜야. 먹을 수도 없어. 푸루야, 너는 인간이 만든 수족관에서 태어났으니까 아무것도 모르겠지만, 진짜 자연이란 건 모든 게 싱싱하게 살아 있는 곳이야. 끊임없이 자라고 움직이고 변한다구. 들어 봐. 네가 진짜 바다로 나가게 된다면, 넌 자연의 아름다운 모습에 감동해서 심장이 터져 버릴지도 몰라. 그런 곳에서 살지 못한다면 정말 살아 있다고 말할 수 없지. 네놈은 아무것도 모르면서 나를 가르치려고 드는 거냐?"

푸루는 친절하게 말을 걸었는데, 가우디가 심하게 야단을 치는 바람에 벌벌 떨고 있었다. 하지만 곧 용기를 내서 대꾸했다.

"그럼, 아저씨는 이 수족관에서 벗어나 넓은 바다라는 곳으로 돌아가게 된다면 정말 행복해질 수 있다는 건가요? 수족관 물을 흐리는 그 굵은 눈물도 흘리지 않게 되고요?"

"그야 물론이지. 내가 이 수족관에 끌려온 지도 사십 년이 넘었어. 처음 얼마 동안은 나도 이 곳이 천국이라고 생각했지. 너희들의 노래처럼 새우랑 플랑크톤을 마음껏 먹을 수 있고, 일 년 내내 물의 온도도 똑같으니까 말이야. 병에 걸리면 먹이에 약을 섞어서 넣어 주기도 하고. 정말 천국이라고 생각했어. 하지만 난 곧 깨달았지. 먹고 살찌는 것만이 전부는 아니라는 걸 말이야. 살아가는 데 정말 중요한 것은 어디로든 헤엄쳐 갈 수 있는 자유라구. 이 곳은

너무나 답답해. 날마다 수많은 인간들이 유리벽 너머로 우리를 들여다보고 있어서 미칠 것만 같아. 아아, 난 언제쯤 내가 살던 그 바다로 다시 돌아갈 수 있을까? 넓은 바다에서 마음껏 헤엄치고 싶어. 태양이 반짝이는 바닷물 속에서 팔다리를 쭉쭉 뻗으며 돌아다니고 싶다구."

가우디는 앞발로 유리벽을 세차게 때리고 나서는 다시 굵은 눈물을 줄줄 흘렸다. 푸루는 이제 가우디가 슬퍼했던 이유를 알게 되었으므로 얼른 그 자리를 떠났다.

물고기들의 대회의

 어느새 아침이 되었다. 수족관 안으로 햇살이 쏟아져 들어왔다. 푸루는 들뜬 마음에 아침 일찍부터 소란을 떨며 물고기들을 깨우러 다녔다.

 "모두 일어나세요! 알아냈어요! 가우디 아저씨가 왜 우는지 알아냈다구요!"

 여기저기, 바위 뒤 그늘이나 물풀 속에서 잠들어 있던 고등어와 방어들이 놀라서 튀어나왔다. 큰 방어가 나타나 물고기들을 한 자리에 모았다. 회의가 시작되었다.

 "푸루 군. 정말 수고했네. 그래, 가우디가 무슨 일로 괴로워하던가?"

 "예, 그러니까 그게……, 이유를 알아내긴 했는데…….''

 푸루는 잠시 쭈뼛거렸다.

"가우디 아저씨는 이 수족관을 떠나고 싶대요. 전에 살던 대자연의 바다가 그립대요. 아저씨는 바다에 돌아갈 수만 있다면 죽어도 좋다고 했어요."

큰 고등어가 몹시 놀란 듯 입을 빠끔빠끔하며 끼어들었다.

"아니, 뭐라구? 역시 가우디는 생긴 것만 이상한 게 아니라, 생각하는 것도 어처구니가 없군. 이렇게 높은 빌딩 꼭대기에서 어떻게 나갈 수 있다고 그래? 어림도 없지. 나도 큰 바다에서 살아 봐서 잘 아는데, 바다는 생각만 해도 소름 끼치는 곳이야."

큰 고등어는 빠른 말로 지껄이기 시작했다.

"무시무시한 독을 지닌 바다뱀이 늘 우리를 쫓아다닌다구. 날카로운 이빨을 번뜩이는 상어도 함께 살아야 하는 곳이 바다야. 바다에서는 언제 어떻게 죽을지 몰라서 항상 벌벌 떨며 살아야 해. 아 참, 곰치란 놈도 있어. 바다뱀보다도 날카로운 이빨을 가졌지. 그 곰치가 바위 뒤에 숨었다가 튀어나올 때에는……. 아, 정말이지 끔찍해."

큰 고등어가 온몸을 떨며 말을 마치자, 푸루가 나섰다.

"고등어 형, 가우디 아저씨는 그런 말은 한마디도 하지 않던데요. 바다는 아름답고 활기찬 곳이래요. 모든 생물이 자유를 누리며 살아간다던데요? 커다란 바위까지도 살아 숨쉰다고 했어요."

"나 참, 바위가 살아 숨쉰다는 애기는 내 살다 살다 처음 듣겠군! 다 쓸데없는 소리야. 나를 보라구. 수족관 안에서 살고 있지만, 이렇게 싱싱하고 아름답잖아?"

암 고등어가 앞으로 나오더니, 지느러미를 흔들면서 큰소리로 웃었다. 그러자 주위의 물고기들이 모두 맞장구를 치며 가우디를 비웃었다. 큰 방어가 타이르듯이 말했다.

"잠깐만요. 너무 그러지들 마세요. 나도 예전에 오랫동안 바다에서 살았기 때문에 가우디의 마음을 이해할 수 있어요. 나이를 먹게 되면 아무래도 인간이 만든 콘크리트나 유리, 플라스틱 바닷말들에 싫증을 느끼게 되지요. 가우디의 말대로, 바다는 정말 훌륭한 곳입니다. 어디까지라도 끝없이 헤엄쳐 갈 수 있지요. 어디까지라도 말입니다."

작은 물고기들은 놀란 듯 눈을 빛내며 그 말을 듣고 있었다.

"바다는 한없이 넓고 자유롭게 펼쳐져 있습니다. 거기엔 플랑크톤이 많이 살고 있어요. 그래서 물 속에서 입만 벌리고 있어도, 저절로 배가 불러요."

곁에서 듣고 있던 새끼 고등어가 말했다.

"그럼 저도 따라갈래요! 방어 아저씨와 가우디 아저씨가 가면, 저도 갈래요!"

"아, 잠깐! 애야, 하지만 조심해야 할 점도 있단다. 바다에서 살아남으려면 힘이 무척 세야 하거든. 플랑크톤은 작은 물고기에게 먹히고, 작은 물고기는 큰 물고기에게 먹히고, 큰 물고기는 상어한테 잡아먹히지. 상어는 때때로 사람을 잡아먹기도 해. 그리고 사람은······."

큰 방어는 잠시 말을 멈추었다가 다시 이야기를 시작했다.

"어쨌든 이건 좀 다른 얘기지만, 지금까지 한 번이라도 저 넓은 바다에서 헤엄쳐 본 적이 있는 물고기라면 가우디를 이해할 수 있을 겁니다. 이런 콘크리트 건물에서는 살 수 없다는 것을 말이오. 가우디는 배불리 먹고 사는 것만으로는 행복하지 않은 겁니다. 플라스틱 바닷말이나 바위, 전깃불보다도 자연의 빛나는 태양과 바람이 만들어 낸 진짜 바닷물의 짠맛이 그리워진 거지요. 바다에서는 무서운 일도 벌어지지만, 가우디는 괜찮을 거예요. 목을 움츠리기만 하면 어느 누구도 그의 딱딱한 등딱지를 어쩌지 못할 테니까. 그러니 그가 바다로 돌아가고 싶어하는 것은 당연해요. 나도 때때로 바다가 그리워지니까 말이오."

큰 방어가 지난날을 회상하듯이 눈을 감고 천천히 말하자, 큰 고등어도 뭔가 생각할 것이 있는지 입을 다물었다. 잠시 동안 침묵이 흘렀다. 그리고 푸루가 초조한 목소리로 재촉하듯 말했다.

"그럼 어쩌죠? 우린 어떻게든 불쌍한 가우디 아저씨를 도와주기로 했잖아요. 할 수만 있다면 아저씨를 먼 바다로 보내 주고 싶어요."

큰 방어가 이 말을 듣고는 기어 들어가는 목소리로 걱정스럽게 말했다.

"그래. 하지만 우리도 이 수족관에 갇혀 있는 형편인데, 무슨 도움을 줄 수가 있지? 게다가 아무리 가우디가 발이 있어서 걸을 수 있다 해도, 그 커다란 등딱지를 짊어지고 무슨 재주로 이 높은 백 층 빌딩 아래까지 내려갈 수 있겠나?"

"그럼 우리는 언제까지 가우디의 눈물 속에서 살아야 합니까? 우는 모습을 옆에서 보고 있기가 딱해요. 게다가 그 눈물 때문에 수족관 물이 얼마나 더러워졌는지 몰라요."

"끔찍하군요. 그럼 차라리, 저 눈물을 그치게 하기 위해……."

암 고등어가 갑자기 무서운 얼굴로 말을 꺼내자 푸루가 얼른 가로막았다.

"그런 소리 말아요. 이 수족관 안에 있는 우리는 모두 친구라고, 그래서 한 자리에 모이면 뭔가 할 수 있을 거라고 하지 않았던가요? 친구를 해치려 하다니, 정말 실망했어요."

푸루는 눈알을 뱅뱅 굴려 대면서 잔뜩 흥분해서 소리쳤다. 그러자 곁에서 듣고만 있던 새끼 고등어가 좋은 생각이 떠올랐다는 듯이 머리를 휘저으며 거들었다.

"좋은 생각이 있어요. 바다에서 살아 보신 분, 그러니까 큰 고등어 아저씨나 큰 방어 아저씨가 즐거웠던 바닷속의 추억을 들려주시면 어때요? 위로가 되지 않을까요?"

큰 방어가 등지느러미를 흔들며 자상하게 대답했다.

"애야, 그렇게 하면 가우디는 더 슬퍼진단다. 미래의 꿈은 힘을 주지만, 지나간 꿈은 오히려 마음을 지치게 하거든."

"그럼 도대체 어떻게 하면 좋겠어요?"

아침 햇빛이 수족관으로 한꺼번에 쏟아져 들어왔다. 물고기들은 아침도 먹지 않고 생각에만 잠겨 있었다. 그 때, 물풀 뒤의 모래가 살짝 움직이더니 등에 커다란 딱지를 얹은 게가 슬금슬금 기어 나왔다. 게는 집게발을 천천히 치켜들면서 말했다.

"자네들은 무슨 일로 아침 일찍부터 난리법석을 떨고 있나? 방어와 고등어도 토론을 할 줄 아는구면 그래. 밥 먹는 데만 입을 쓰는 줄 알았더니. 그런데 자네들 입 모양만 봐선 무슨 얘기를 하는지 알 수가 없구먼. 뭔가 어려운 일이 생겼다면 나의 뛰어난 지혜를 빌려 주지. 수족관 안에서는 모두가 서로 돕고 살아야지. 암, 도와야 하구말구."

게는 남들이 듣든 말든 입에서 흰 거품을 부그르르 내뿜으며 말했다.

큰 방어가 다가서면서 물었다.

"그럼 게 선생, 한 가지만 묻겠소. 여기서 빠져 나가려면 어떻게 해야 하겠소?"

게는 집게발을 천천히 모래 위에 내려놓고는 큰 방어에게 되물었다.

"너희들, 도망치려고?"

다른 방어가 끼어들었다.

"우리가 아닙니다. 실은 저쪽 구석에 엎드려 있는 가우디 때문에 그래요. 그 양반은 지금 바다로 돌아가고 싶어서 무척 괴로워하고 있어요. 어떻게 하면 가우디를 이 높은 빌딩에서 사람들에게 들키지 않고 도망치게 할 수 있을까요? 저만한 몸무게라면 갈매기 만 마리가 들어 올리려고 해도 꿈쩍도 하지 않을 텐데. 하하하. 여러분, 안 그래요?"

그 말에 모두들 큰소리로 웃어 댔다. 그러나 게는 심각하고 진지한 표정으로 대꾸했다.

"그건 아주 간단한 문제야. 간단하지, 간단해."

게는 길고 커다란 집게발로 물을 가로젓고는, 집게 끝으로 작은 물풀을 집어 야무진 솜씨로 싹둑싹둑 잘랐다.

"그래, 가우디라면 쉽게 할 수 있을 거야. 내가 이래 봬도 세상 물정은 잘 알고 있지. 사람들은 우리가 아무 생각도 없이 살 거라고 생각하겠지만, 실은 이 수족관 속에서도 바깥 세상에서 벌어지는 모든 일들을 알 수 있단 말이야."

"게 아저씨, 그러니 도대체 어떻게 하라는 말씀입니까?"

푸루가 조르듯이 말했다.

"그건……, 잠시 병에 걸린 척하는 거야. 내 친구 중에서도 전에 그렇게 해서 이 수족관을 빠져 나간 녀석이 있어. 그 뒤에 어떻게 됐는지는 모르지만. 사람들은 우리가 병에 걸리는 걸 가장 싫어하지. 병 걸린 물고기가 수족관 안에 있으면 물이 썩어 버리거든. 그런데 서투른 연극을 하다가 탄로 나면, 사람들은 우리가 상상할 수 없을 만큼 화를 내. 칼로 온몸을 마구 자르기도 하고, 불 위에 얹어 놓고 지글지글 굽기도 해. 그러니 사람을 상대로 연극을 하려면 완벽하게 해야 된다구. 물고기 중에는 몸의 빛깔을 바위나 물풀처럼 바꾸는 녀석이 있는데, 그 정도로는 사람을 속일 수 없어. 하지만 가우디의 연극에는 사람들도 잘 속아 넘어갈 것 같아. 덩치 큰 녀석이 연극을 하면 좀 서툴러도 눈치 채기 어려운 법이거든."

게는 몸을 약간 뒤로 젖히며, 자신감에 가득 찬 표정으로 말을 계속했다.

"그런데 말이야. 요즘은 사람들도 조금씩 변해 가고 있어. 내가 처음 여기 잡혀 왔을 때만 해도, 우리를 보는 사람들의 표정은 정말 건방졌지. 세상에서 사람만이 소중한 존재이고, 지구의 지배자니, 어쩌고저쩌고 하면서 말이야. 어리석은 녀석들, 흥!"

게는 갑자기 성난 표정으로 툭 눈을 좌우로 흔들었다.

"그런데, 요즘 사람들은 좀 달라. 이제는 지구에서 사람뿐만이 아니라, 다른 생물들도 소중하다는 사실을 깨닫기 시작한 것 같아. 하긴, 다른 생물이 없어지면 자기네들도 살아가기 어려울 테니까 그런 생각을 하게 됐겠지만 말이야. 어쨌든 나는 사람을 믿지 않아. 사람들은 말과 행동이 다르다구. 모두 새빨간 거짓말쟁이들이야."

연설을 끝낸 게는 입가에 묻은 침을 집게발로 싹싹 문지르면서 만족스러워했다.

"우와, 정말 굉장하시네요. 전 아저씨가 어리숙하고 굼뜬 줄로만 알았는데. 이제 보니, 다리에 마디가 많은 만큼이나 아는 것도 많으시군요."

푸루가 몹시 감동한 얼굴로 말했다. 그 말을 들은 게는

더욱 기가 살았다.

"푸루, 내가 어리숙하고 굼뜨다고? 도대체 어느 녀석과 비교해서 그렇다는 얘기냐? 너는 해파리가 물 속을 둥둥 떠다닐 때의 속도와 상어가 물고기를 잡아먹으려고 할 때의 속도를 비교할 셈이냐? 너희 물고기들만큼은 아니지만, 나도 나름대로 빠르다구. 영리한 거야 말할 것도 없지."

게는 옛날을 떠올리는 듯한 얼굴로 이야기를 계속했다.

"대자연에서 살아가려면 온몸을 지혜로 무장해야 해. 적들은 아무렇지도 않은 얼굴로 죽은 척하고 있다가 갑자기 우리를 덮치지. 그런가 하면, 배가 부를 땐 아무리 맛있는 새끼 물고기들이 눈앞을 스쳐 지나가도 친한 친구처럼 미소 지으며 대하는 거야. 자연 속에서 살아가려면 그 정도의 지혜는 있어야지. 암, 그렇구 말구."

게는 더욱 으스대면서 긴 집게발로 물을 휘익 잘라 보였다.

푸루는 여럿이 회의한 결과를 전해 주러 다시 가우디를 찾아갔다. 푸루는 가우디에게 바짝 다가가 귀엣말로 속삭였다. 사람들이 수중 도청기로 자신들의 이야기를 하루 종일 엿듣고 있을지도 모른다고 생각했기 때문이다.

가우디는 처음에는 푸루의 말이 의심스럽다는 듯이 듣고만 있었다. 그러나 푸루가 게의 말을 자세하게 전하자, 관심을 보이기 시작했다. 푸루는 병에 걸린 척하려면 어떻게 해야 하는지, 그럴 때 사람들은 어떻게 행동하는지 하나하나 알려 주었다.

이윽고 가우디는 팔다리로 박수를 치며 기뻐했다. 머리를 아래위로 세차게 흔들어 대기도 했다. 너무 기쁜 나머지 두꺼운 등딱지마저도 벗어 버리려고 할 정도였다. 푸루도 날아갈 듯이 기분이 좋아졌다. 푸루는 그 자리에서 일곱 바퀴나 멋지게 돌았다. 그러고는 쏜살같이 친구들이 있는 곳으로 되돌아갔다.

비밀 탈출 작전

다음 날, 이른 아침부터 가우디는 시름시름 앓기 시작했다. 혀를 길게 빼물고, 입을 벌름거리며 하얀 거품을 토해 냈다. 커다란 등딱지를 세차게 흔들어 대며 유리에 부딪친 후 꿱꿱 소리를 지르기도 했다. 가우디는 눈을 보름달처럼 허옇게 뜨고 괴로운 표정으로 사람들에게 도와달라고 했다.

"꿱꿱, 아아…… 아…… 아, 아…… 꿱꿱……."

그러면서도 가우디는 스스로 놀랐다. 자신이 이토록 훌륭하게 연기를 할 수 있다니.

가우디가 이상해졌다는 것을 맨 먼저 알아챈 사람은, 수족관 유리벽에 얼굴을 대고 물고기들의 춤을 들여다보던 소녀였다. 그 소녀는 가우디 쪽으로 바짝 다가왔다.

가우디는 사람이 보고 있다는 것을 알고는 더욱 몸을 떨면서
흰자위만 보이는 눈을 껌벅거렸다. 몹시 괴로운 듯이 하얀
액체를 뱉어 내기도 했다. 소녀는 깜짝 놀라 소리쳤다.

"엄마, 저것 좀 봐요! 저기요! 큰 거북이 병에 걸렸나 봐요.
엄마, 저 거북을 도와주세요. 너무 불쌍해요. 나까지 병이 날
것 같아요!"

딸이 울부짖으며 소리치자, 어머니는 곧바로 수족관
사무실로 달려갔다. 병든 가우디를 보려고 구경꾼들이 많이
모여들었다. 사람들은 아파서 끙끙거리는 가우디를
바라보며 안타까워했다. 그 중에는 훌쩍거리며 우는 사람도
있었다. 연락을 받은 수족관 직원이 귀찮다는 듯 슬리퍼를
끌면서 다가왔다. 그러나 가우디의 병든 모습을 보고는 급히
담당 의사에게 전화를 걸었다.

가우디는 사람들이 자신에게 큰 관심을 보이자, 기뻐서
혀를 날름거렸다. 그럴 때마다 사람들은 가우디가 아파서
그러는 줄 알고 '저런, 저런!' 하면서 안타까워했다.
가우디는 자신의 탈출 계획이 성공할 수 있다고 굳게 믿게
되었다.

다음 날부터 가우디가 있는 수족관의 유리벽에는 흰 종이에 빨간 글씨로 '큰 거북 가우디, 병에 걸렸음'이라고 쓴 표지판이 나붙었다. 한편, 휴가를 갔다가 서둘러 돌아온 의사는 수족관 관장에게 가우디에 대한 보고를 하고 있었다.

"아무래도 가우디가 죽을 때가 된 것 같습니다. 어째서 저렇게 괴로워하면서 위액을 토해 내는지 모르겠어요. 그런 증상은 책에도 나와 있지 않습니다. 인간 사회에서는 저런 증상을 노이로제라고 하죠. 정말 요즘은 여기저기 노이로제 환자투성이예요. 부부 사이가 좋지 않다거나, 돈을 못 번다거나, 회사에서 승진을 못 했다거나 등등, 그런 이유들로 병에 걸리지요. 사람은 그 원인을 해결해 주면 병도 치료됩니다. 그런데 가우디는 어떻게 치료를 해야 할지 모르겠습니다."

수족관 관장은 넥타이를 고쳐 매면서 어이없다는 듯이 물었다.

"도대체 무슨 말을 하고 있는 거요? 한낱 거북 따위가 노이로제에 걸릴 까닭이 없지 않소? 노이로제는 이 세상에서 생각할 수 있고 말도 할 수 있는 유일한 존재인, 사람만이 걸리는 병이오. 그건 그렇다 치고, 가우디는 오랫동안 이 수족관에서 자기 몫을 충분히 해 주었소. 병이 심해져서 빛깔이 변하기 전에, 박제로 만드는 게 좋겠소."

한 직원이 관장의 귀에 대고 속삭였다.

"쉬잇! 관장님, 목소리를 낮추세요. 지금 수족관 앞에 몰려와 있는 신문 기자와 방송국 리포터들, 자연보호 운동가들이 들으면 어쩌려고 그러십니까?"

관장은 화가 나서 펄펄 뛰었다.

"뭐, 자연보호 운동가라구? 멍청한 녀석들. 사람이 먼저지, 동물이 먼저야? 동물원이나 수족관이 왜 만들어졌는데. 다 사람들을 즐겁게 해 주려고 만들어진 거라구. 도대체 왜들 난리야? 그렇게 동물을 사랑하자고 하면서 저희들은 왜 쇠고기와 생선회를 먹어? 자기들 하고 싶은 건 다 하면서, 꼭 이런 때에만 나서서 우리를 난처하게 만든다니까. 앞으로 자연보호 단체에 있는 사람들은 이 곳에 들어오지 못하게 해야겠어. 나 원 참!"

가우디는 관장의 성격이 고약하다는 것을 잘 알고 있었다. 사십 년 전에 바다에서 처음 끌려왔을 때에도 관장은

이 수족관에서 일하고 있었다. 가우디는 자신을 째려보는 관장의 눈빛을 보고 몸을 떨었다.

며칠이 지났다. 대자연 수족관에 병들어 있는 가우디의 소식이 세상에 널리 알려졌다. 수족관의 유리벽을 벽보로 가리기 전에 찍어 놓은, 가우디가 병들어서 괴로워하는 모습이 신문과 텔레비전의 화면을 장식했다. 많은 사람들이 가우디를 바다로 돌려보내라며 아우성을 쳤다.

관장은 당황해서 비밀 이사 회의를 소집했다. 그리고 이사들 앞에서 고개를 푹 숙였다.

"가우디 문제 말입니다. 이번 일은 우리 뜻대로 하기 어려울 것 같습니다. 텔레비전, 신문, 라디오에서 모두 난리예요. 기자라는 녀석들은 흰 것을 검게, 빨간 것을 노랗게, 그때그때 필요에 따라 아무렇게나 만들어 냅니다. 시간이 지나면 색깔이 달라질 수 있다는 것도 모르고, 그때그때의 색깔만 맞는다고 딱 잘라 말하는 녀석들이죠. 억울하긴 하지만, 이번엔 어쩔 수 없이 가우디를 바다에 놓아 주어야겠습니다. 우리 수족관의 소중한 재산인 가우디를 박제로 만들 수도, 팔 수도 없게 됐습니다."

관장은 이사들까지도 흰 것과 검은 것을 구별하지 못할 만큼 엉망진창으로 설명했다. 이사들은 관장의 말을 제대로 알아듣지 못했지만 고개를 끄덕였다. 회의는 끝났다.

관장은 곧바로 박제 담당자에게 달려갔다.

"이봐. 명령이야. 이제부터는 수족관 안에 있는 생물이 조금이라도 이상한 증상을 보이면 즉시 다른 곳으로 보내라구. 아니면 흰 종이로 가려서 아무도 알아채지 못하게 하든가. 만약 그렇게 하지 않으면, 자네를 박제로 만들어 버리겠어. 알아들어? 자네보다 훨씬 더 눈치 빠른 자를 자네 자리에 앉히겠다구."

"아니 관장님, 제가 뭘 잘못했습니까? 저는 박제사라구요. 아직 죽지도 않은 가우디를 꺼내서 뭘 어떻게 하라는 말씀이십니까?"

박제 담당자가 입에서 거품을 뿜어 가며 대들었다.

"무슨 멍청한 소릴 하나? 그런 생각을 가지고 일을 하니까 이런 어이없는 사고가 생기는 거라구. 훌륭한 박제사는 동물이 건강할 때부터 어느 놈이 박제하기에 좋은가를 주의 깊게 살펴봐야 하는 거야!"

관장은 마치 박제 담당자 때문에 가우디를 바다로 놓아주게 되었다는 듯이 고함을 질러 댔다. 그러고는 거북 등딱지 테 안경을 벗어들고, 미친 오케스트라 지휘자처럼 팔을 휘두르며 밖으로 나가 버렸다.

이런 상황을 알지 못하는 가우디는 여전히 입을 벌름거리며 숨을 헐떡이고 있었다. 하지만 사람들이 들여다보지 않을 때면, 그들의 등 뒤에 대고 혀를 날름거렸다. 그러다가 밤이 되면 본래의 건강한 모습으로 돌아갔다. 푸루가 가우디에게 다가와 무척이나 신이 난 목소리로 말했다.

"아저씨! 가우디 아저씨! 지금 수족관 밖에서 사람들이 야단법석이에요. 유리벽에 귀를 대면 다 들려요. 사람들이 아저씨를 진짜 바다로 보내 주자고 말하고 있어요!"

가우디는 기쁨으로 가슴이 터질 것만 같았다.

"하하하, 그래? 벌써 일이 그렇게 돼 가나? 그러고 보면 인간이란 녀석들은 껍데기밖에 볼 줄 모른단 말이야. 일이 이렇게 될 줄 알았다면, 좀더 일찍 병에 걸린 척할 걸

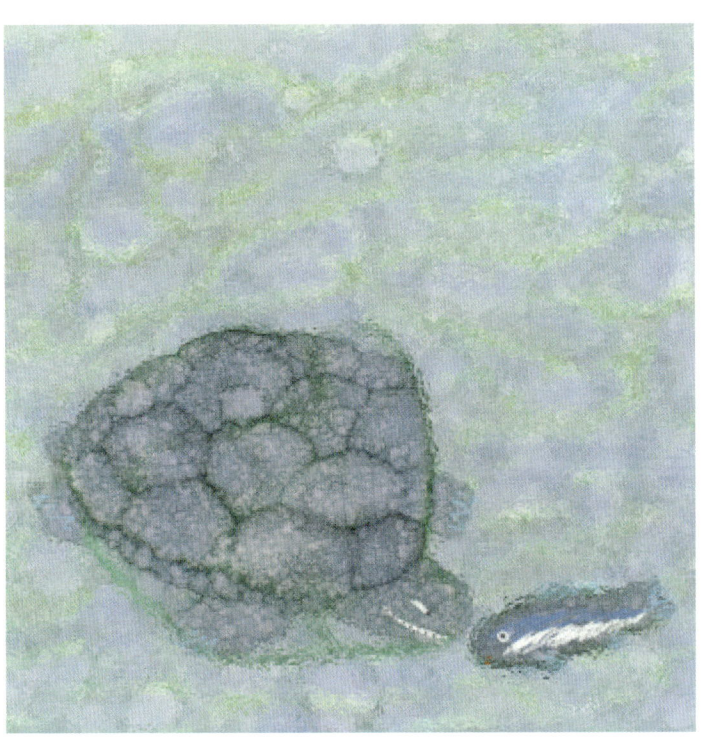

그랬군. 하하하."

가우디는 꿈꾸듯이 혼잣말로 중얼거렸다.

"눈부시게 빛나는 태양 아래, 푸르게 넘실거리는 넓은 바다. 수많은 조개와 다시마를 길러 주는 곳. 그 속에서는 헤아릴 수 없이 많은 물고기들이 춤을 추고 있지. 아아, 그게 바로 자연이야. 그 곳으로 돌아가게 되다니, 정말 기쁘구나. 자연은 영원한 내 고향이야."

"좋으시겠어요, 아저씨는. 언젠가 이야기했듯이 이제부터 아저씨는 말미잘이랑 빨간 산호 사이를 마음껏 헤엄치면서 어디로든 갈 수 있겠지요? 정말 멋진 일이에요."

푸루는 부러운 표정으로 가우디를 바라보았다.

"푸루야. 너도 수족관 밖으로 나가 보고 싶으냐? 진짜 대자연 속에서 살고 싶은 생각이 있느냐구?"

가우디는 진지하게 물었다.

"그럼요. 비록 수족관에서 태어나긴 했지만, 어찌 조상들의 고향인 대자연에서 살아 보고 싶지 않겠어요? 모두들 수족관에 만족하며 살긴 하지만, 그건 바다에서 살아 보지 못했기 때문이에요. 간판에는 대자연 수족관이라고

씌어 있지만, 그건 새빨간 거짓말이죠. 이 곳이 대자연이
아니라는 것쯤은 저도 잘 알고 있어요. 이 수족관에는
아저씨의 말처럼 사람이 만든 전깃불과 플라스틱 물풀밖에
없어요. 저도 진짜 대자연을 보고 싶어요. 그 속에서 살아
보고 싶다구요."

"그래, 잘 알아. 네 마음을 이해할 수 있어. 하지만 푸루야,
자연의 세계는 편안한 수족관 생활에 익숙해 있는 너에게는
오히려 살기 힘든 곳이 될 수도 있어."

"알아요. 진짜 자연 속에서 살려면 힘든 일도 많겠지요.
하지만 좋은 꿈을 이루고자 한다면 힘든 일도 참아야지요.
아무 노력도 하지 않고 어떻게 꿈을 이룰 수 있겠어요.
그렇잖은가요, 가우디 아저씨?"

"그래, 그럴 거야."

가우디는 푸루의 말뜻을 이해한다는 듯 크게 고개를
끄덕이더니 잠시 생각에 잠겼다. 푸루는 가우디가 힘들 때
찾아와 주었고, 수족관에서 탈출할 수 있는 좋은 방법도
알려 주었다. 가우디는 푸루에게 마음속으로 깊이
고마워하고 있었다. 그런 푸루가 꿈꾸는 듯이 중얼거리는

모습을 보자, 가우디는 가슴이 아팠다.

"나가고 싶어, 나도 수족관 밖으로 나가고 싶어. 가우디 아저씨처럼. 여태까지 본 적이 없는 대자연의 바닷속으로."

순간, 가우디의 눈이 날카롭게 반짝였다. 좋은 생각이 떠올랐기 때문이다.

"푸루야, 너 정말 밖으로 나가고 싶은 거지? 거짓말 아니지? 진짜지?"

"그럼요. 제가 왜 거짓말을 하겠어요?"

"좋아, 그렇다면 함께 도망치자. 네가 그 정도로 굳게 결심했다면 바다에서도 잘 살아갈 수 있을 거야. 결심만 한다고 모든 일이 다 되는 건 아니지만, 결심을 하지 않으면 그나마 시작조차도 할 수 없지."

가우디는 잠깐 고개를 갸우뚱하더니 말을 이어 갔다.

"내가 처음 이 곳에 끌려왔을 때가 떠올라. 그 때 나는 트럭의 물탱크에 실려 왔거든. 그러니 여기서 나갈 때에도 분명히 물탱크로 운반될 거야. 내가 이 곳에서 옮겨질 때, 너를 겨드랑이 밑에 숨겨 줄게. 숨을 쉴 수 없는 시간은 십 초밖에 안 될 거야. 우리는 금방 물탱크로 옮겨질 테니까."

이 말을 들은 푸루는 뛸 듯이 기뻐하면서 작은 지느러미들을 한꺼번에 떨었다. 그리고 가우디의 주변을 일곱 바퀴나 뱅뱅 돌면서 춤을 추었다.

"우와! 나도 간다! 가우디 아저씨처럼, 나도 대자연의 바다로 간다!"

푸루는 이 사실을 방어와 고등어들에게 알려 주기 위해 쏜살같이 헤엄쳐 갔다.

푸루는 잔뜩 들떠서, 만나는 물고기들 모두에게 가우디와 함께 도망칠 계획을 자랑했다. 푸루는 모두 기뻐할 것이라고 생각했다. 그러나 물고기들은 오히려 걱정스럽다는 표정을 지었다.

물고기들은 가우디와 푸루가 함께 수족관을 빠져 나간다는 일을 놓고 찬성파와 반대파로 나뉘었다. 물고기들이 토론을 하기 시작하자, 수족관 속은 금세 왁자지껄해졌다. 그러나 물론 구경꾼들의 눈에는 물고기들이 평소보다 자주 입을 뻐끔거리고 있는 것으로만 비쳐질 뿐이었다.

반대파 중에서도 큰 고등어가 가장 강력하게 반대했다. 물고기들은 모두 바다에서 산 경험이 있는 큰 고등어의 말에 귀를 기울였다.

　　"대자연은, 거기서 살아 본 적이 없는 물고기에겐 정말 위험한 곳이야. 가우디는 원래 바다에서 살다가 왔지만, 푸루는 여기서 태어나 여기서 살았으니, 대자연의 법칙을 하나도 몰라. 바닷속에서는 물풀이 조금만 흔들려도 조심해야 해. 그 뒤에서 곰치가 튀어나와 우리에게 덤벼들 수 있거든. 나는 바닷속에서 마음 놓고 잠을 자 본 적이 한 번도 없어. 거기에 비하면 이 수족관은 하! 몸이 늘어질 때까지 마음 놓고 잠을 잘 수 있지. 걱정할 게 하나도 없다구."

　　"그러니 이렇게 뒤룩뒤룩 살만 찌고 몸도 점점 약해지고 있잖아요? 나도 바다에서 살던 시절엔 등지느러미나 꼬리지느러미 할 것 없이 정말 날씬하고 아름다웠다구요."

　　한때 바다에서 살았던 암 고등어가 말했다.

　　"우리는 못 봤으니, 그거야 알 턱이 없지."

　　그러자 옆에 있던 물고기들이 일제히 웃음을 터뜨리며

암 고등어를 놀려 댔다.

"그런 소리 하지 마. 바닷속에서는 누구나 쌩쌩하게 돌아다닐 수 있다구. 어디를 가도 투명한 유리벽 따위가 앞을 가로막는 일은 없으니까. 어디 그뿐이야? 찬란한 태양 빛이 물 속을 비추면 산호들은 또 얼마나 아름답게 반짝이는지. 그건 말로 표현할 수 없을 만큼 멋진 풍경이야. 보기만 해도 기운이 난다구. 인간이 만든 전깃불이나 가짜 바닷말과는 비교가 안 돼. 그리고 바닷속에는 플랑크톤도 많이 있어. 우린 그걸 먹었지. 어쨌거나 자유롭다는 건 좋은 거야. 우리 물고기들은 원래 자유롭게 태어났으니까, 자유를 잃어버리면 가우디처럼 어딘가 이상해지는 게 당연하다구."

큰 방어가 눈살을 찌푸리며 암 고등어의 편을 들었다. 그 말을 들은 큰 고등어가 다시 물었다.

"자네는 바다가 얼마나 위험한지는 왜 얘기하지 않지? 푸루가 바다에서 잘 살아갈 수 있다고 생각하나? 맹독을 지닌 바다뱀이나 아무리 달아나도 끝까지 뒤쫓아 오는 상어, 돌고래들이 여기저기서 덤벼들 텐데 말일세."

"괜찮아. 바다에 나가면, 금방 바다에 익숙해지게 돼.

바다에도 친구들이 많으니까, 푸루는 여기에서처럼 그들과 서로 도우면서 살아갈 수 있을 거야."

"무슨 소리야? 그런 건 이 좁은 수족관에서나 통하는 일이지. 넓디넓은 바다에서도 통할 것 같아? 인간들 속담에 '우물 안 개구리'라는 말이 있어. 푸루는 수족관에서만 살아서 아무것도 몰라. 바다에 나가면 웃음거리가 될지도 모른다구."

이러한 토론은 며칠이나 계속되었다. 푸루 문제로 모든 물고기들이 머리를 싸매고 고민하는 사이에, 가우디가 바다로 갈 날짜가 정해졌다. 수족관 유리벽에는 벽보가 나붙었다.

'우리 대자연 수족관은 바다거북 가우디를 자연을 보호하는 뜻에서 바다로 보내 줄 예정입니다. - 대자연 수족관장'

푸루는 불안했다. 어물어물하다가는 일생에 한 번뿐인 멋진 기회가 트럭과 함께 사라져 버릴지도 모르기 때문이다. 그런데도 물고기들은 푸루의 운명에 대해 영원히 토론만 할 것처럼 보였다. 푸루는 기운이 솟다가도 다시 실망하곤 했다. 바다로 가는 일을 고민하느라 머리까지 아팠다. 몇몇 물고기들은 토론에 지쳐서 짜증을 내기도 했다. 그 때, 푸루에게 좋은 생각이 떠올랐다. 푸루는 눈망울을 굴리면서 말했다.

"여러분! 이번에도 지혜로운 게 아저씨의 의견을 들어 보는 것이 어떻겠어요? 우리 물고기들끼리 의논해 봤자, 뻔한 얘기밖에 더 나오겠어요? 생김새도 다르고 살아가는 방법도 우리랑 다른 게 아저씨의 의견을 들어 보면……."

큰 고등어가 가장 먼저 맞장구를 쳤다.

"그거 좋은 생각이야. 게라면 분명히 제대로 된 의견을 말해 줄 거야. 그 능청스러운 양반이 진심을 털어놓을지는 모르겠지만."

"수족관을 빠져 나갈 수만 있다면, 나도 가우디 아저씨처럼 죽어도 소원이 없겠어요. 하지만 여러분이 찬성해 주지 않으면, 나는 바다에 가서도 행복하지 못할 거예요. 내가 게 아저씨를 불러 올게요."

오랫동안 토론하느라 지쳐 있던 물고기들은 푸루의 말에

반대하지 않았다. 큰 방어는 푸루를 격려해 주었다.

"그래. 이건 어디까지나 자네의 문제야. 중요한 건 남들이 찬성해 주느냐가 아니라, 자네가 진짜로 결심을 했느냐지. 남을 이해시키는 것은 그 다음 일이야. 어쨌든, 자네 말대로 게의 의견을 들어 보도록 하세."

게는 플라스틱 물풀 뒤에서 수족관 직원이 던져 준 새우를 집게로 썰어 가며 먹고 있었다. 푸루가 충고를 듣기 위해 찾아왔다고 말하자, 게는 곧바로 모두가 모여 있는 곳으로 기어갔다. 게는 부그르르 거품을 내뿜고 나서 말했다.

"푸루가 수족관 밖으로 나가고 싶어하는 건 당연해. 그건 아주 자연스러운 일이야. 푸루는 꿈 많은 젊은이라구. 젊을 때에는 힘과 용기만 있으면 어떤 어려움도 이겨 낼 수 있지."

게는 눈을 가늘게 뜬 채 푸루를 바라보며 집게발로 탁탁 소리를 냈다. 그리고 토론하고 있던 물고기들에게 말했다.

"하지만 늙은이들이 푸루를 보내고 싶어하지 않는 것도 당연해. 대자연은 멋진 곳이긴 해도 대단히 위험하거든. 늙은이들은 젊은이들이 고생하지 않고 편안하게 살기를 바라지. 하지만 젊었을 때의 경험과 나이를 먹은 뒤의 경험은 전혀 다르다는 걸 알아야 해. 그러니 내 결론은, 푸루를 보내 주자는 걸세. 왜 쓸데없이 토론을 하나? 자유를 찾아 가겠다는데, 무슨 말이 필요한가? 안 그래, 푸루?"

이 말을 들은 푸루는 기뻐서 어쩔 줄 몰랐다. 그래서 재빨리 물 위로 튀어 올라 일곱 바퀴나 도는 재주를 부리며 게에게 감사 표시를 했다.

'그래, 자유에는 이유가 없지.'

푸루는 마음속으로 중얼거렸다.

마침내 작은 물탱크를 실은 트럭이 수족관 빌딩 앞에 도착했다. 그 소식은 가우디에게도 전해졌다. 수족관이 있는 빌딩은 최신식 건물이었다. 그래서 트럭은 고속 엘리베이터에 실려서 백 층까지 올라올 수 있었다. 수족관에 몰려든 사람들은 모두 흥분하여 트럭을 둘러쌌다. 가우디는 푸루를 왼쪽 앞발의 겨드랑이 밑에 숨겼다. 갑자기 관장이 신경질적으로 외치는 소리가 들렸다.

"자네들, 지금 뭘 하고 있는 거야? 탱크에 물은 왜 담아? 거북은 물이 없어도 죽지 않는다구. 물을 모두 빼 버려."

가우디는 가슴이 철렁 내려앉았다.

비밀 탈출 작전   61

'나는 괜찮지만, 물도 없는 캄캄한 탱크 속에서 푸루가 어떻게 숨을 쉬지?'

가우디는 겨드랑이 밑에 있는 푸루를 들여다보았다. 어쩌면 푸루도 상황이 심각하다는 것을 알고 마음을 바꿀지 모른다고 생각했다. 가우디는 불안했다. 푸루를 데리고 나가지 못할지도 모른다는 생각이 들었다. 그러나 푸루는 가우디의 마음을 알기라도 한 것처럼 눈을 초롱초롱 빛내며 말했다.

"탱크의 물을 뺀다면서요? 하지만 걱정 마세요, 아저씨. 저는 이미 결심했어요. 꼭 나가고 말 거예요. 아저씨가 저를 잘 감싸 주시기만 한다면, 전 바다까지 갈 수 있을 거예요. 햇볕에 말린 방어포가 되더라도, 전 꼭 갈 거예요."

"음, 단단히 결심했구나. 물이 없으면 죽을지도 모르는데……."

가우디는 진심으로 푸루를 걱정했다.

"그래도 좋아요. 나가다 죽는 한이 있더라도, 넓은 바다에서 빛나는 태양 아래 마음껏 헤엄쳐 보고 싶어요."

그런 말을 주고받는 사이에 트럭이 도착했다. 많은

사람들이 트럭 주변에 몰려들었다. 사람들은 박수를 치고 사진을 찍기도 했다. 카메라 플래시가 여기저기서 터졌다. 관장이 트럭 앞으로 나와 목소리를 가다듬었다.

"에헴, 흠, 흠. 감사합니다, 여러분. 오늘 우리는, 병든 거북 가우디를 바다로 놓아주기 위해 이 자리에 모였습니다. 이런 결정을 하게 된 데에는 한 소녀의 아름다운 눈물이 있었습니다. 가우디가 아픈 것을 본 소녀의 뺨에 눈물이 흘러내렸고, 이 눈물은 곧 커다란 물결이 되었습니다. 그 물결이 마침내 신문 방송 관계자들과 그 밖의 많은 사람들의 마음을 움직였지요."

거기까지 말하고 나서, 관장은 쇳조각으로 만들어진 이름표를 손수건으로 윤이 나게 닦았다. 그것을 가우디의 등딱지에 매달은 후, 모두가 긴장할 만큼 크게 헛기침을 했다.

"우리 대자연 수족관은 병든 가우디를 박제로 만들지 않고, 바다로 보내 주기로 결정했습니다. 박제로 만든다면 적어도 수천만 원은……."

그 때, 바로 옆에서 박제 담당자가 그런 말은 왜 하느냐는

듯이 관장에게 따가운 눈총을 보냈다. 관장은 연설을
마쳤다. 행사는 그럭저럭 끝났다. 수족관 직원들은 가우디를
커다란 밧줄에 묶어 위로 끌어올렸다. 가우디는 불안해서
견딜 수가 없었다. 겨드랑이에 숨기고 있는 푸루가 기절해
버리지나 않을까 걱정이 되어서였다. 가우디는 입에 물을
잔뜩 머금었다. 물이 없는 탱크 속에서 푸루에게 뿜어 줄
계획이었다. 가우디가 밧줄에 묶인 채 수족관 밖으로
나오자, 모여 있던 사람들은 가우디를 뚫어져라 바라보았다.
가우디가 거북들의 언어로 무슨 말이라도 해 주기를 바라는
눈빛이었다. 그러나 가우디는 눈을 꼭 감은 채 괴로운
표정만 짓고 있었다. 관장은 '이 때다!' 하는 표정으로,
또다시 연설을 시작했다.

"바다에서 살던 거북이 이제 고향으로 돌아갑니다.
가우디는 그 동안 우리에게 많은 기쁨을 주었습니다.
여러분, 박수를 보내 주십시오. 그러나 이 박수는 저를 위한
것도 아니고, 가우디를 위한 것도 아닙니다. 동물을
자연으로 돌려보낼 줄 아는, 우리 인간들의 위대한 행동에
대한 박수입니다!"

가우디는 기가 막혔다.

'바다에 살던 내가 바다로 돌아가는데, 왜 인간들이 야단이야? 나를 제멋대로 끌고 와서, 엎어 놓았다 뒤집어 놓았다 하면서 좋아할 땐 언제고. 이제 와서 뭐, 인간의 위대한 행동이라구? 인간들은 무슨 일이든 벌여 놓고, 언제나 자기들끼리 잘했다고 박수를 쳐 댄단 말이야.'

속으로 투덜거리던 가우디는 이윽고 탱크 속으로 넣어졌다. 그리고 자기도 모르게 '앗!' 소리를 질렀다. 탱크 속에는 놀랍게도 물이 가득 들어 있었다. 아마 담당 직원이 관장의 명령을 잊어버린 모양이었다. 푸루는 가우디보다 더 기뻐했다. 가우디는 입에 머금고 있던 물을 얼른 뱉어 버렸다.

"성공이야, 푸루! 이젠 너도 진짜 바다로 나가게 됐구나."

가우디는 푸루에게 다정하게 속삭였다. 푸루도 벅차오르는 기쁨을 이기지 못해 등지느러미를 신나게 흔들어 댔다. 탱크 속의 물이 출렁거려서 가우디와 푸루는 이리저리 부딪쳤지만 아픈 줄도 몰랐다.

이윽고 가우디와 푸루를 실은 트럭이 바닷가에 다다랐다.

하늘은 유난히 새파랬고, 먼 바다 위로는 한여름의 뭉게구름이 느긋하게 떠다니고 있었다. 짠맛이 묻어나는 상쾌한 바닷바람에 가우디는 바다에서 살던 시절의 추억을 떠올렸다.

바닷가는 가우디를 기다리는 사람들로 바글바글했다. 그들은 천막을 치고 가우디를 바다에 놓아주기 위한 행사를 준비하는 중이었다. 그들은 모두 어깨에 띠를 두르고 있었다. 거기에는 '자연보호 단체', '자연 파괴를 반대하는 모임'이라고 씌어져 있었다. 사람들은 또 연설을 하기 시작했다. 가우디가 듣기에는 사람들이 그저 자기들끼리 신나서 떠들어 대는 얘기였다. 나이가 꽤 많아 보이는 한 부인이 단상에 올라갔다.

"우리들은 가우디를 친구처럼 사랑해 왔습니다. 가우디도 오랜 세월 동안 우리들을 기쁘게 해 주었지요. 지난 사십 년 동안, 가우디의 애교 덕분에 얼마나 많은 어린이들이 즐거워했는지 모른답니다. 그런데 이제 가우디를 다시는 볼 수 없다고 생각하니 가슴이 너무 아파서……."

부인은 정말로 가슴이 아픈지 울먹이면서 자리에

주저앉아 버렸다. 다른 사람들이 부인을 부축해서 단상 아래로 내려 보냈다.

물탱크는 조심스럽게 해변까지 운반되었다. 동그란 안경을 끼고 마음씨가 아주 따뜻해 보이는 할머니가 천천히 걸어 나와 가우디 앞에 섰다. 할머니는 한 손에는 커다란 숟가락을, 다른 한 손에는 술병을 들고 있었다. 가우디는 할머니가 뭘 하려는 건지 궁금했다. 할머니는 큰 숟가락으로 가우디의 입을 억지로 벌렸다. 그러더니 가우디가 아차 할 틈도 주지 않고 술을 왈칵 쏟아 부었다. '으악, 이게 뭐지?' 가우디는 목구멍이 타는 것처럼 뜨거웠다. 술을 마신 것은 태어나서 처음 있는 일이었다. 그러나 사람들은 가우디가 괴로워하는 것은 신경도 쓰지 않고, 마치 자기들이 술을 마신 것처럼 소리를 질러 댔다.

"좋아, 좋아! 멋져!"

가우디는 술기운 때문에 머리가 핑핑 돌아가는 것 같았다. 도대체 무엇이 그렇게 좋다는 건지 알 수가 없었다. 가우디는 술에 취해서 정신이 몽롱했다. 그런데도 푸루를 놓치지 않기 위해 겨드랑이에 더욱 힘을 주었다.

마침내 가우디는 물탱크 밖으로 끌어올려졌다. 가우디는 있는 힘을 다해 물가로 기어갔다. 그리고 파도가 몸을 덮쳐 왔을 때, 재빨리 바닷물 속으로 뛰어들었다. 사람들은 물 속으로 사라져 가는 가우디에게 손을 흔들어 주었다.

드디어 바다로

"아아…… 바로 이거야."

가우디는 파도를 뒤집어 쓴 순간부터 이루 말할 수 없는 기쁨에 휩싸였다. 너무 행복한 나머지 푸루와 함께 왔다는 것도 잊었다. 가우디가 앞발과 뒷발을 들며 만세를 부르는 순간, 겨드랑이 밑에 숨어 있던 푸루가 세차게 밖으로 튀어나왔다. 쭈루도 기뻐 날뛰면서 몇 번이고 물 속에서 뱅뱅 돌았다. 가우디는 너무 활짝 웃어서 우스꽝스럽게 주름진 얼굴로 말했다. 푸루가 이제까지 한 번도 들어 본 적이 없는 밝고 우렁찬 목소리였다.

"봐라, 이게 바로 바다야. 우리 앞에 끝없이 펼쳐져 있는 이 진짜 바다가 보이지? 이제 네 마음대로 한번 마음껏 헤엄쳐 봐."

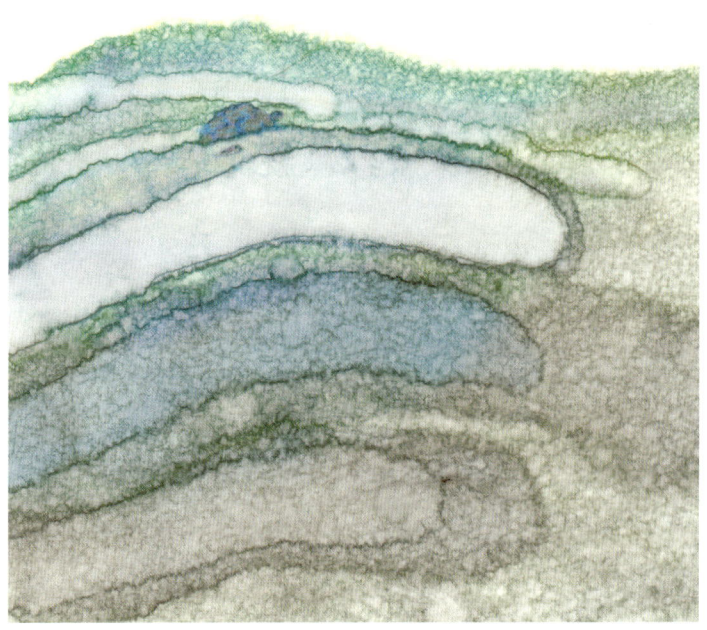

푸루는 혼자서 이리저리 헤엄쳐 다니느라 정신이 없었다.

"푸루야, 그렇게 헤엄치지만 말고, 아름다운 주변 경치도 좀 둘러보렴."

가우디는 좀더 깊은 바닷속으로 들어가면서 푸루에게 말했다.

"성공했어. 결국 해냈단 말이야. 그 지긋지긋한 수족관에서 드디어 탈출했다구. 사람들도 알고 보면 참 어리석어. 이렇게 간단한 연극으로 속여 넘길 수 있다니. 앞으로도 계속 사람을 속여야겠어. 그래야 그들도 뭔가 배우는 게 있을 테니까. 아무튼, 우린 해냈다구. 야호!"

가우디는 기쁨을 참지 못하고 괴상한 동작으로 등딱지를 흔들어 댔다. 푸루도 처음 보는 바다 풍경에 황홀해서 어쩔 줄 몰라 했다.

"이게 바로 사는 거야. 푸루, 내가 얼마나 기쁜지 아니? 이렇게 기분이 좋으니, 여태껏 아무한테도 보여 주지 않은 춤을 추고 싶어지는걸. 벌거숭이 거북춤 말이야. 볼래? 수족관에서 나는 늘 수줍어했지만, 여기서는 그럴 필요가 없지. 아, 정말 날아갈 것 같아."

가우디는 조그만 바위 뒤의 모래땅으로 헤엄쳐 갔다.
큰 등딱지를 항아리 뚜껑 열듯 돌리는가 싶더니, 느닷없이
손과 발을 빼냈다. 그러고는 눈 깜짝할 사이에 등딱지를
벗어 던졌다. 도마뱀 같은 모습이 된 가우디는 팔다리를
흔들며 춤을 추었다.

"으하하하, 얼씨구 좋다! 근데, 조금 부끄럽구만."

푸루는 모래 위에 나뒹구는 가우디의 등딱지 속을
들여다보았다.

"아저씨, 지금 뭐 하시는 거예요? 바닷속에서는 등딱지를
벗어도 괜찮은가요?"

"지금 난 목욕을 하고 있는 거야. 인간 세상에서 묻은
더러운 때를 전부 벗겨 내야 한다구. 그러려면 온몸을
모래로 씻어야 해."

등딱지를 벗어 버린 가우디는 매우 약하고 말라 보였다.
가우디는 벌거벗은 몸을 바들바들 떨면서 모래땅에 비벼
댔다. 그 모습을 본 푸루는 매우 놀랐다. 그러나 가우디가
몹시 행복해했기 때문에 자신도 덩달아 기분이 좋아졌다.

"감기에 걸리기 전에 빨리 등딱지를 걸쳐야지. 게다가

드디어 바다로

상어라도 나타나면 당장 잡아먹힐지도 몰라. 아, 기분이 정말 상쾌한걸."

가우디는 등딱지를 걸치고는 다시 헤엄치기 시작했다. 푸루는 신이 나서 촐랑대며 가우디를 따라갔다.

몇 시간이 지났을까. 해변 가까이에 이르렀을 때, 물결이 갑자기 거칠어졌다. 물풀 사이에서도 거품이 부글거렸다. 여기저기에서 기분 나쁜 냄새가 풍겨 나왔다. 푸루가 가우디에게 더듬거리며 물었다.

"그런데 아저씨, 여기가 대자연인가요? 아저씨가 말하던 그 바다가 맞나요?"

"물론이지."

가우디는 자신만만하게 대답했다.

"하지만 이상해요. 숨을 쉴 때마다 아가미가 아프고 숨이 막혀요. 바닷물 맛도 좀 이상해요. 그리고 아저씨, 저기 바다 밑바닥에 있는 끈적끈적한 건 또 뭐지요? 거기서 지독한 냄새가 나요. 바다란 원래 이런 곳인가요?"

푸루는 똘망똘망한 눈을 애교 있게 굴리면서 물었다.

"맞아. 그러고 보니……, 네 말대로 뭔가 이상하구나.

저 끈적끈적하고 냄새나는 것은 도대체 뭘까?"

가우디는 고개를 갸우뚱거렸다.

"사십 년 전, 내가 바다를 떠날 때만 해도 이런 건 없었는데. 이게 뭔지 나도 모르겠는걸. 실은 나도 숨쉴 때마다 여기가 아파."

가우디는 앞발로 가슴을 문지르며 말했다. 두 친구는 방향을 바꿔 해변을 벗어났다. 가우디가 나지막한 목소리로 중얼거렸다.

"정말 이상해. 아무리 살펴봐도, 내가 늘 헤엄치며 놀던 푸른 바닷말 숲이 보이질 않아. 이게 어떻게 된 거지?"

가우디와 푸루는 바닷속을 차근차근 둘러보았다. 어두침침한 바다 밑바닥에는 죽은 조개들이 입을 벌린 채 나뒹굴고 있었다. 이상한 냄새가 코를 찔렀다. 바닷말은 시들어 있었고, 색깔도 우중충했다. 가우디는 바닷말을 만져 보았다. 끈적끈적하고 물컹했다.

가우디는 기운이 빠졌다. 바다가 너무 많이 변해 있었다.

"이봐, 푸루. 나도 뭐가 뭔지 알 수가 없어. 무엇보다, 이 바다에는 살아 있는 것이 보이질 않아. 죽은 것들만 잔뜩 널려 있잖아. 바닷말도 기름덩이처럼 끈적끈적하고 말이야. 아, 토할 것 같아."

푸루는 가우디가 점점 자신감을 잃어 가는 것을 보고 불안해졌다. 하지만 의지할 데라고는 가우디밖에 없었다. 게다가 가우디는 푸루에게 진짜 바다를 보여 주려고 온힘을 다하고 있지 않은가. 푸루는 어떻게 해서든지 가우디에게 용기를 주어야겠다고 마음먹었다. 푸루는 가슴지느러미를 살랑살랑 움직이면서, 일부러 밝은 목소리로 말했다.

"가우디 아저씨, 실망하지 마세요. 바다는 넓다고 하셨잖아요. 가도 가도 끝이 없다면서요. 좀더 멀리, 좀더 깊이 들어가 보면, 아저씨가 말했던 그런 바다가 있을 거예요. 대자연 속에서는 가고 싶은 곳 어디든지 갈 수 있으니까, 우리 좀더 멀리 가 봐요."

푸루가 그렇게 말하자, 가우디의 얼굴이 금세 밝아졌다.

"그래, 그래. 네 말이 맞아. 내가 중요한 것을 잊고 있었군."

가우디는 다시 원래대로 차분하면서도 자신감 있는 말투를 되찾았다.

"사실은 인간 세계에서 아주 멀리 떨어져야 내가 말하던 진짜 바다가 나타나. 사람이 살지 않는 먼 곳에는 잔잔하고 푸르른 바다가 햇볕을 흠뻑 쬐면서 지구 끝까지 펼쳐져 있어. 바닷말도 싱싱하고 윤기가 흘러넘치지. 물고기 떼는 천국과도 같은 바닷속을 즐겁게 헤엄쳐 돌아다니고 말이야."

가우디는 더욱 힘차게 말했다.

"가자, 더 먼 곳으로. 사람의 손길이 닿지 않은 아주 먼 곳으로 가자. 수족관에서 멀어질수록 좋지. 아, 바다가 우리를 부르는구나. 어서 가자, 푸루야."

가우디는 적군을 무찌르고 왕 앞에 나아가는 장군처럼, 위엄 있고 자랑스러운 표정으로 힘차게 헤엄쳐 갔다. 푸루도 수족관에서와는 달리 어디까지나 마음껏 헤엄칠 수 있다는 사실에 감탄하면서 부지런히 가우디를 뒤쫓아 갔다.

몇 시간이 흘렀다. 가우디와 푸루는 꽤 멀리까지 헤엄쳐 왔다. 그러나 오염된 바다는 끝이 없었다. 물 위에는 미끈거리는 시커먼 기름 덩어리들이 파도를 따라 이리저리 떠돌아 다녔다. 바다 밑바닥에는 셀 수 없이 많은 조개들이 입을 쩍쩍 벌리고 널브러져 있었다. 돌아다니는 물고기는 한 마리도 보이지 않았다. 플라스틱이나 비닐 쓰레기들이 물 속을 둥둥 떠다녔다. 배가 고파진 가우디는 투명한 비닐 봉지를 보고는 해파리인 줄 알고 덥석 물었다. 그리고 단숨에 삼켜 버렸다.

"우우웩!"

가우디는 즉시 구역질을 했다. 몹시 괴로운 듯이 가쁜 숨을 내쉬었다.

"먹는 게 아니었잖아? 어쩐지 맛이 이상하다고 생각했어. 하지만 이미 삼켜 버렸는걸. 아, 배고파."

아까부터 가우디의 행동을 살펴보던 푸루는 점점 더 불안해졌다. 너무 지치고 배도 고팠기 때문에 움직이는 것조차 힘들었다. 푸루는 헐떡거리면서 가우디를 불렀다.

"아저씨, 가우디 아저씨. 수족관을 떠난 후로 우린 꽤 많이 헤엄쳐 왔어요. 그런데 왜 아저씨가 말씀하신 바다는 아직도 안 나타나는 건가요? 배가 고파요. 제 배가 마치 바람 빠진 풍선처럼 홀쭉해졌다구요. 수족관에서 나온 뒤로 지금까지 아무것도 먹지 못했잖아요. 바다에는 먹을 게 하나도 없나요? 대자연이라는 게 도대체 뭐예요?"

가뜩이나 시무룩해 있던 가우디는 갑자기 화가 났다. 그래서 푸루를 위협하려는 것처럼 등딱지를 좌우로 흔들어 보였다. 가우디의 입에서 흰 거품이 세차게 뿜어져 나왔다.

"시끄러워, 푸루! 정말 귀찮은 놈이로군. 내가 조금만 참으면 기가 막히게 멋진 곳으로 데려가겠다고 했지? 벌써 잊었어? 밖에 나가기만 하면 어떠한 고생이라도 참고 견디겠다고, 네 입으로 말하지 않았느냐 말야. 에잇, 못된 녀석!"

가우디는 그렇게 말하고 나서 입을 실룩거렸다.

"네가 그 따위로 불평만 늘어놓을 줄 알았다면, 처음부터 데려오지도 않았을 거야. 널 데려오느라 얼마나 고생을 했는데."

가우디는 그래도 화가 풀리지 않는지 혼잣말처럼 계속 중얼거렸다.

푸루는 가우디가 이렇게 화내는 모습을 본 적이 없었다. 겁먹은 푸루는 가우디에게 금방 사과했다.

"아저씨, 미안해요. 배가 몹시 고팠던 데다가, 아저씨가 비닐 봉지를 먹고 괴로워하는 걸 봤거든요. 너무 속이상해서 나도 모르게 그만……."

가우디는 푸루의 말을 듣고만 있었다. 그러더니 앞장서서 헤엄치기 시작했다. 어쨌든 지금은 정신을 바짝 차리고, 그가 기억하는 진짜 바다로 가는 일이 중요했기 때문이다. 푸루는 홀쭉해진 배를 움켜쥐고 비실거리면서 가우디의 뒤를 따랐다. 그러나 점점 서글픈 생각이 들었다. 수족관에서의 즐거웠던 추억들이 머릿속에 떠올랐다.

"수족관은 정말 좋은 곳이었어. 끼니때마다 먹을 게 얼마나 많았다구. 한번에 다 먹어 치울 수 없을 정도였지. 물의 온도도 숨쉬기에 알맞고, 한결같았어. 여기처럼 뜨거워졌다, 차가워졌다 하지도 않았지. 아, 거긴 친구들도 많았는데……. 수족관으로 다시 돌아가고 싶어. 이젠 바다도 싫어. 사실 내 고향은 수족관이잖아?"

푸루가 가우디에게 들리지 않도록 혼잣말을 하고 있을 때, 가우디도 혼자 중얼거렸다. 겉보기에는 그냥 헤엄치고 있는 것 같았지만 가우디는 매우 진지하게 고민하는 중이었다.

'음, 어찌 된 일이지? 바닷속이 언제 이렇게 더러워진 거야? 내가 수족관에 들어가기 전, 그러니까 사십 년 전만

해도 절대 이렇지 않았는데. 도대체 어떤 인간이 바다를 이따위로 못쓰게 만들어 버렸단 말이야? 으음…….'

가우디는 고개를 좌우로 흔들며 쯧쯧, 하고 혀를 찼다.

그 때, 눈앞으로 해파리 떼가 지나갔다. 그 해파리들은 가우디가 여태까지 한 번도 본 적이 없는 놈들이었다. 일단 크기가 보통 해파리의 백 배는 될 것처럼 거대했다. 게다가, 몸통 여기저기에는 붉은 반점들이 돋아 있었다. 가우디는 문득 '바다의 묘지'라는 말이 생각났다. 그럼, 바다가 수많은 생물의 묘지로 변해 버렸다는 말인가.

'아아, 배가 고파 죽을 것 같아. 먹을 만한 바닷말이나 작은 물고기들이 하나도 보이지 않잖아. 등딱지도 너무 무거워. 이렇게 계속 아무것도 먹지 못한다면, 난 지쳐서 비실거리다가 바다 밑으로 가라앉아 버리고 말 거야.'

주위를 계속 둘러보았지만 먹을 것은 눈에 띄지 않았다. 물고기 시체들만이 군데군데 널브러져 있을 뿐이었다.

'수족관에 그냥 있을걸. 병에 걸린 척 연극을 하면서까지 밖으로 나오지 않았다면, 거기서 편안하게 살 수도 있었을 텐데. 도대체 나는 왜 그렇게 탈출하고 싶어했을까?

수족관……. 그래, 인간들은 내게 참 친절했어. 수족관에는 먹을 것도 많았고, 물도 늘 깨끗했지.'

그러면서도 가우디는 남쪽을 향해, 마지막 남은 힘을 쥐어짜며 헤엄쳐 갔다. 가우디와 푸루가 커다란 섬 근처에 이르렀을 때였다. 이상한 느낌이 들었다. 둘은 물 밖으로 고개를 내밀었다. 눈앞에 '21세기 원자력 연구소'라고 씌어진 기다란 굴뚝이 보였다. 아니나 다를까. 바닷물의 온도가 자꾸만 올라가고 있었다.

'이게 어떻게 된 거야? 바닷속이 마치 뜨거운 목욕탕 같잖아?'

바다 위에는 썩은 냄새를 풍기는 물고기 시체들이 파도에 밀려 흘러 다녔다. 그 사이사이에 보라색을 띤 해파리 수천 마리가 우산을 펴 놓은 듯이 둥둥 떠다니고 있었다.

'대체 이게 다 뭐야? 배가 너무 고파서 이젠 아무 생각도 나질 않아. 결국 여기서 이렇게 굶어 죽고 마는 건가?'

가우디는 문득 뒤를 돌아다보았다. 푸루는 아무 생각도 없는 표정으로 부지런히 따라오고 있었다. 가우디는 앞발을 천천히 휘저으면서, 푸루를 잠시 뚫어지게 바라보았다.

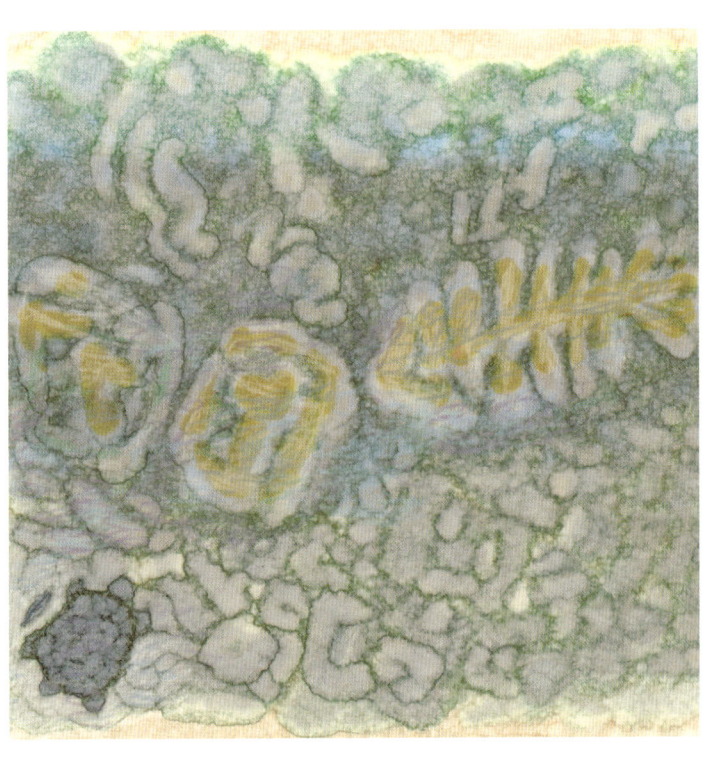

'으음, 저 녀석 몸이 아주 통통하구만. 정말 맛있게 생겼어……. 아니, 내가 지금 무슨 생각을 하고 있는 거야? 안 돼. 나는 저 녀석에게 신세를 졌잖아. 수족관에서 내가 괴로워하고 있을 때, 푸루는 진심으로 나를 생각해 줬지. 내게 연극을 하라고 알려 주기까지 했는데. 내가 왜 이리 못된 생각을 하게 됐는지 모르겠군. 아니야, 잘 생각해 보면 나도 은혜를 갚은 셈이라구. 저 녀석을 바다로 데려와 주었으니까 말이야. 나도 저 녀석을 위해 엄청 고생했다구. 그러니 너무 미안해하지 않아도 돼. 그리고 망설일 필요가 없잖아? 원래 대자연의 법칙이라는 건…….'

가우디는 심각한 얼굴로 중얼거리며 입맛을 쩝쩝 다셨다.

"약육강식, 힘 센 놈이 약한 놈을 잡아먹는 거라구. 그래. 자신이 살기 위해서는 무슨 짓이라도 해야 하는 법이야. 그게 바로 험한 세상을 지혜롭게 살아가는 첫 번째 법칙이지. 음, 좋아!"

가우디는 다시 한 번 군침을 삼켰다. 가우디의 눈빛은 지금까지와는 아주 딴판으로 날카롭게 반짝였다.

"가우디 아저씨, 전 더 이상 못 가겠어요. 힘이 다 빠져 버렸어요. 죄송하지만 전 이 근처에서 잠시 쉬어야겠어요.
이렇게 더운 물 속은 처음이라 견디기가 너무 힘들어요.
게다가 물맛도 점점 찝찔해지고 있어요."

푸루가 지친 목소리로 하소연했다. 그 말을 듣고 보니,
가우디도 문득 물맛이 이상하다는 생각이 들었다.

"정말 그렇구나. 이상해. 예전의 바닷물은 혀끝에
부드럽고 달콤하게 와 닿았는데. 이 바닷물은 너무 찝찔해.
뾰족한 것으로 혓바닥을 콕콕 찌르는 것 같아."

"아저씨, 이런 말을 해도 될지 모르겠어요. 지금까지
저는 계속 참고 또 참았어요. 조금만 더 참으면 진짜 바다가
나타날 줄 알았거든요. 하지만 이게 뭐예요? 계속 참았지만
나아진 게 아무것도 없잖아요. 차라리 수족관에 그냥
있으라던 친구들의 말을 들을걸 그랬어요."

푸루는 숨을 헐떡이면서 말했다. 가우디는 푸루를
노려보며 호통을 쳤다.

"이 배은망덕한 녀석아! 네가 어찌 내게 그런 말을 할 수
있지? 어떤 어려움이 있더라도 끝까지 따라오겠다고,
네 입으로 직접 말하지 않았어? 그 굳은 약속을 헌신짝처럼

내팽개치겠다는 거냐? 내가 아름다운 바다를 보여 주려고 얼마나 애를 쓰고 있는데. 좋아. 푸루, 약속을 어겼으니 책임을 져라."

"책임? 책임을 지라구요? 도대체 무슨 말씀이에요?"

푸루는 온몸이 터져 버릴 듯이 화가 나서 소리쳤다.

"그래요. 수족관에서 굳은 약속을 한 건 사실이에요. 그런데, 내 약속은 그렇다 치고, 아저씨의 약속은 어떻게 된 거예요? 약속은 서로가 지켜야 하는 거잖아요. 아저씨가 말한 대자연은 어디에 있나요? 아니, 이건 아예 죽음의 바다잖아요. 이렇게 기분 나쁘게 썩어 버린 물풀보다는 차라리 수족관의 플라스틱 물풀이 더 낫겠어요. 전깃불만 하더라도, 우리를 얼마나 따뜻하게 감싸 주던가요? 게다가 입만 벌리고 있으면 플랑크톤이 들어온다고 했는데, 입으로 들어오는 것은 썩은 물과 죽은 물고기뿐이잖아요. 여기 오면 친구도 많이 사귀게 될 줄 알았는데, 보이는 거라곤 괴물 같은 해파리밖에 없어요. 이런 게 자유라면, 난 차라리 유리벽에 갇혀 있더라도 제때 음식을 주는 수족관에서 살고 싶다구요. 나는 정말……."

푸루의 말을 들은 가우디는 고개를 푹 수그렸다. 그리고 사과하는 것처럼 조용한 목소리로 대답했다.

"그래, 우린 둘 다 서로에게 약속을 했지. 그러나 푸루야, 내 약속은 아직 지켜지지 않았을 뿐이야. 난 꼭 지킬 거라구. 그런데, 너는 벌써 배가 고프다는 이유로 그렇게 불평을 늘어놓는구나. 그래, 그럴 만도 하지. 널 고생시켜서 미안하다. 진심으로 사과할게."

가우디는 이렇게 말하고는 그대로 돌아섰다. 그리고 힘없는 목소리로 말을 이었다.

"그런데 푸루야. 내 곁으로 좀더 가까이 와 주지 않겠니? 헤어지기 전에 꼭 하고 싶은 말이 있어. 너는 수족관에 있을 때, 언제나 내 눈앞에서 멋진 춤을 보여 주었지."

"아저씨, 잘 안 들려요. 여긴 수족관이 아니에요. 아저씨가 얘기하는 걸 듣고 뭐라고 흉볼 물고기도 없다구요. 큰소리로 말씀해 보세요."

"으음, 그렇지만 나는 너무 지쳤어. 큰소리로 말할 기운이 없구나. 게다가 나이를 먹은 탓인지 귀도 잘 들리지 않아."

그 말을 듣고 푸루는 가우디가 불쌍하다고 생각했다.

"미안해요, 아저씨. 솔직히 말씀 드리면, 요사이 아저씨가 무서워졌어요. 몸이 힘들어서 더 그랬을 거예요. 물론 아저씨는 저보다 훨씬 더 힘드시겠지요. 무거운 등딱지를 지고 다니셔야 하니까요. 하지만 전 아저씨를 믿어요. 힘들지만, 아저씨를 위해 춤을 추겠어요. 누군가 이런 말을 해 주었지요. 어려울 때 보여 주는 우정이 진정한 우정이라고."

푸루는 가우디의 눈앞으로 가까이 다가갔다. 그리고 주특기인 '일곱 번 회전춤'을 보여 주려고 폼을 잡았다. 순간, 가우디는 태어나서 처음이라 할 만큼 크게 입을 벌리고, 푸루의 등을 사정없이 물고 늘어졌다.

"으아악!"

푸루는 날카로운 비명을 지르면서 있는 힘을 다해 등지느러미를 세차게 흔들었다. 하지만 가우디는 푸루를 입에 단단히 물고, 꿈쩍도 하지 않았다. 푸루는 정신이 몽롱해지는 것을 느끼면서 쥐어짜는 듯한 목소리로 말했다.

"아, 아저씨…… 저는, 자유를 찾아 여기까지 왔는데…… 자유란 것이, 이런 것인가요? …… 아저씨가 얘기했던 진짜

바다를…… 정말로 보고 싶……었는데…….”

그것이 푸루의 마지막 말이었다. 가우디는 아무 말도 못 들었다는 듯이, 다시 한 번 입을 크게 벌리고 푸루를 고쳐 물었다. 그리고 이내 꿀꺽 삼켜 버렸다. 가우디는 입맛을 쩝쩝 다셨다.

"배가 고프면 누구라도 어쩔 수 없는 거야. 사람들도 다른 방법이 없었기 때문에, 이렇게 바다를 더럽혔는지도 모르지. 배가 고파서 죽을 것 같은데, 어떻게 안 그런 척 점잖 떨면서 살 수 있겠어?"

가우디는 뭔가를 깊이 생각하는 듯한 얼굴로 혼잣말을 했다.

"어쨌든, 오랜만에 배불리 먹었는걸. 그러고 보니 나도 연극을 잘 하는 편이군. 수족관을 빠져 나올 때부터 연극이 내 운명을 바꿔 주고 있잖아. 자연이 얼마나 무섭게 변해 버렸는지는 알 수 없지만, 연극만 잘 하면 살아갈 수 있을 것 같군. 그래, 참고 견뎌야 해."

가우디는 새빨간 혀로 몇 번이나 입맛을 다시면서, 오랜만에 먹은 물고기의 맛을 떠올려 보았다.

혼자 남은 가우디

 며칠이 흘렀을까. 가우디는 이제 혼자였다. 그는 미지근한 바닷물에 몸을 싣고 진짜 바다를 찾아 여행을 계속했다. 그러나 가도 가도 더러운 바다는 끝이 없었다.

 가우디는 헤엄치다 말고 문득 멈춰 섰다. 저 바다 밑에서부터 이상한 거품들이 계속해서 뿜어져 나오고 있었다. 가우디는 숨을 크게 들이마시고 거품이 나오는 곳으로 헤엄쳐 들어갔다. 깊이, 깊이, 더 깊이 들어갔을 때 가우디는 깜짝 놀라고 말았다. 바다 밑에는 수천 개의 드럼통들이 피라미드처럼 쌓여 있었다. 드럼통들은 대부분 옆구리가 터져 있었다. 그 속에서 갈색 거품이 '쏴아' 하는 무서운 소리를 내며 솟구쳐 올랐다. 가우디는 드럼통 옆에서 헤엄치는 괴상하게 생긴 생물들을 보고 놀라 뒤로 자빠질 뻔했다. 그것은 물고기만큼이나 커진 플랑크톤이었다.

"오오, 세상에! 저게 플랑크톤이라니, 어떻게 이런 일이 생겼지? 그리고 저 드럼통들은 다 뭐야? 저것들이 바다를 오염시키고 있는 것 같은데……."

가우디는 부들부들 떨면서 서둘러 그 곳을 빠져 나왔다. 빨리 남쪽 섬으로 도망쳐야겠다고 결심했다. 그러나 파도의 흐름이 너무 느렸다. 열심히 헤엄쳐도 썩은 바닷물은 계속 가우디의 주변에서 넘실거렸다.

가우디는 외로웠다. 푸루를 먹어 치운 뒤로는 말할 상대도 없었다. 용케 살아 있는 거북 몇 마리와 마주치긴 했지만, 그들은 가우디에게 말도 걸지 않았다. 가우디가 말을 걸어도 못 들은 척 지나가 버렸다. 어쩌다 가끔 나타나는 작은 물고기들은 가우디가 다가가기만 해도 부리나케 달아나 버렸다. 가우디는 천천히 고개를 저었다.

"그래, 난 인간 세상에서 오래 살았으니 모습도 이상하게 변해 버렸을 거야. 이런 나를 바다 토박이들이 어떻게 믿어 주겠어?"

수족관 시절이 다시 생각났다. 수족관에서는 가우디가

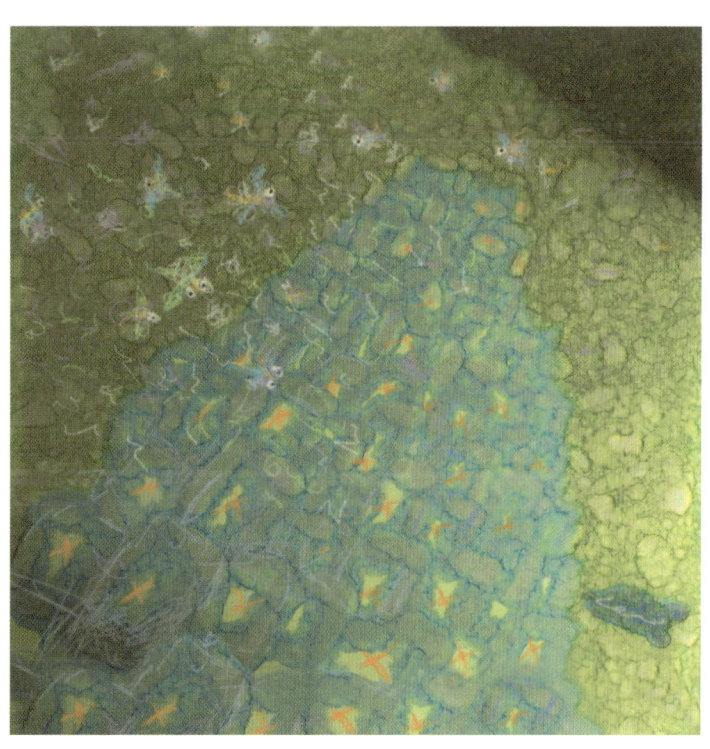

괴로워할 때, 많은 물고기들이 위로해 주었다. 멋진 춤을 보여 주는 친구도 있었고, 심지어는 가우디의 건강을 걱정해 주는 친구도 있었다. 그런데 지금, 이 더러운 바다에서는 아무도 말을 걸어 오지 않았다. 끔찍하게 크고 징그러운 플랑크톤만이 그의 주위를 떠돌 뿐이었다.

마침내, 가우디는 후회의 말을 쏟아 냈다.

"아아, 푸루를 먹어 치우는 게 아니었는데. 내가 왜 그런 일을 저질렀을까? 푸루는 정말 좋은 친구였어. 힘내라고, 포기하지 말라고, 진심으로 나를 위로해 주었지. 아아, 내가 참아야 했는데……."

가우디는 몇 번이나 고개를 흔들면서, 푸루에게 말하는 것처럼 중얼거렸다.

"하지만 푸루야. 살아 남기 위해선 어쩔 수가 없었어. 얼마나 배가 고팠으면 비닐 봉지까지 먹었겠니. 물론 너도 배가 고파 죽을 지경이었겠지? 그래도 내 배가 훨씬 더 고팠을 거야. 나는 무거운 등딱지까지 짊어졌으니까. 그리고 난, 자유롭게 살고 싶었어. 그래서 수족관에서 도망쳐 나온 거였지. 하지만……, 너도 자유롭게 살고 싶어나를 따라왔겠지? 아, 푸루야, 정말 미안하다."

가우디는 괴로워하면서 푸루에게 용서를 빌었다. 그리고 남쪽으로 계속 헤엄쳐 나아갔다. 끝없이 펼쳐진 바다에는 죽은 물고기들과 싸늘하고 어두운 침묵만이 떠다닐 뿐이었다.

파도가 잔잔한 어느 날, 가우디는 한 떼의 고래들과 우연히 마주쳤다. 큰 무리를 이끌고 오던 우두머리 고래는 가우디에게 친절하게 말을 걸었다.

"거북 양반, 어딜 그렇게 급히 가고 있소? 서둘러 갈 만한 곳이 있을 것 같지도 않은데 말이오. 바다는 어딜 가나 모두 썩어 있을 뿐이오."

고래는 그렇게 말하고 힘없이 물을 내뿜었다. 가우디는 당황했다.

"그, 그렇지만, 당신이 이 넓은 바다를 전부 다 아는 건 아니잖아요. 난 아직 희망을 버리지 않았어요. 어떤 일이 있더라도 대자연은 그 힘과 생명을 잃지 않을 거요."

"무슨 말을 하는 거요?"

고래는 안타깝다는 듯이 대꾸했다.

"그렇게 마음 놓고 있다간 큰일을 당하고 말 거요. 남쪽 바다도 북쪽 바다도, 동서남북 어디를 가도 다 똑같소. 전부 오염됐단 말이오. 펭귄들도 요 며칠 전에 회의를 해서 모두들 남극 대륙을 떠나기로 했다던데, 소문 못 들었소? 그 점잖은 신사들이 이 미쳐 가는 바닷속에서 어떻게 살아가겠습니까."

다른 고래 한 마리가 뒤에서 거들었다.

"펭귄들의 부리가 뒤틀리고, 등도 휘었대요. 먹이도 못 삼킬 정도랍니다. 하긴 먹을 것도 오염된 것밖에 없지만 말입니다. 이게 다 인간들 때문이지요. 당신도 언제 기회가 생기면 인간을 가까이에서 관찰해 봐요. 그들의 입도 뒤틀려 있을 테니."

가우디는 앞발을 휘저으며 대꾸했다.

"아니오. 인간들의 입이 뒤틀린 게 아니라, 인간들이 하는 말이 뒤틀려 있다오."

우두머리 고래가 무리를 돌아보며 말했다.

"어쨌든, 물은 단 하나뿐이고, 전체가 연결되어 있소. 지금 우리는 마치 독약 속에서 헤엄치는 것이나 마찬가지라오.

당신도 봤을 거요. 플랑크톤이 끔찍하게 커져 버린 걸
말이오. 우리는 지금까지 그걸 먹고 살아 왔는데, 이젠
목구멍에 빨간 혹이 생겨서 아무것도 삼킬 수가 없다오.
그렇잖소, 여러분?"

다른 고래들이 그렇다는 뜻으로 일제히 물을 뿜으며
맞장구를 쳤다.

"우리들이 이렇게 돌아다니는 이유는 죽을 장소를 찾기
위해서요. 이 지구에서 우리 고래들만큼 크고, 순하고,
예의바른 생물은 없소. 그러니 생물의 왕자답게, 우리는
죽을 때에도 명예를 지킬 수 있는 곳에서 죽어야 한다오."

우두머리 고래는 천천히 눈을 감았다. 그리고 바닷속 깊은
곳을 향해 부드럽고 그윽한 목소리로 노래하기 시작했다.

푸우 쿠르릉, 푸우 쿠르릉, 푸우 쿠르릉 바다는
내 고향, 나의 어머니
어머니가 죽어 가네
바다는 내 고향, 나의 아버지
아버지가 피를 흘리네

내 고향 바다는 나의 형제, 나의 누이

내 형제가 눈물을 흘리네

내 누이가 애원하고 있네

푸우 쿠르릉, 푸우 쿠르릉, 푸우 쿠르릉

바다는 우리 모두의 고향, 우리 모두의 것

바다를 돌려다오

자연을 돌려다오

푸우 쿠르릉, 푸우 쿠르릉, 푸우 쿠르릉

"거북 양반, 그럼 잘 가시오. 하지만 조심해야 할 거요. 바다 깊은 곳에서, 눈을 멀게 하는 엄청난 폭발이 일어나고 있다니까."

가우디는 고래들에게 진심으로 고마워했다.

"걱정해 줘서 고맙습니다. 말 상대가 되어 줘서 특히 고마웠어요."

고래들은 가우디에게 용기를 주려는 듯이 물을 뿜어 올리며 작별 인사를 했다. 고래들이 뿜은 물줄기 위로 작은 무지개가 떴다.

가우디는 다시 혼자가 되었다. 남쪽을 향해 열심히 헤엄쳤다. 문득, 바다 전체가 오염되었다던 고래의 말이 떠올랐다.

'아아, 바다가 왜 이렇게 변해 버렸을까. 내가 수족관에서 살던 사십 년 동안, 도대체 무슨 일이 일어난 거지?'

가우디는 고래들처럼 노래를 불러 보았다. 그러면서, 몸집이 큰 고래는 살아가기 힘들겠지만, 가진 게 등딱지밖에 없는 자기는 문제없을 거라고 스스로 위로했다. 가우디는 파도의 흐름을 따라 남쪽을 향해 계속 나아갔다.

아득히 멀리 작은 섬 하나가 눈에 들어왔다. 가우디는 서둘러 그리로 갔다. 그 때, 갑자기 목덜미에 날카로운 아픔이 느껴졌다. 곰치가 가우디의 목을 노리고 덤벼든 것이었다. 가우디는 곰치를 피해 얼른 큰 바위 밑으로 숨었다. 머리와 다리를 등딱지 속에 집어넣었다.

'휴우, 죽을 뻔했어. 바다로 나왔다는 사실을 깜빡 잊고 있었군. 하마터면 저 곰치놈에게 잡아먹힐 뻔했잖아!'

식은땀이 가우디의 등줄기로 흘러내렸다. 곰치는 가우디가 숨어 있는 바위 주위를 맴돌았다. 가우디의 등딱지에 코를 대고 킁킁거리기도 했다. 곰치의 몸에는 말미잘처럼 생긴 괴상한 돌기들이 삐죽삐죽 돋아 있었다. 곰치의 눈은 보랏빛으로 번뜩였다.

'아이고, 무시무시해라. 곰치란 놈이 저렇게 무섭게 변해 버렸다니. 바닷속에서 사는 것들은 모조리 변해 버렸군 그래.'

그 때, 곰치가 돌기를 뻗쳐 바위 사이에 숨어 있던 가우디의 등딱지 밑을 더듬기 시작했다. 가우디는 바위 밑으로 더 깊숙이 숨으려고 했다. 그러나 등딱지에 작은 쇳조각이 붙어 있어서, 그것이 바위에 걸리는 바람에 더 이상 들어갈 수가 없었다. 그 쇳조각은 수족관을 떠날 때 관장이 붙여 준 이름표였다.

"으윽, 살려 줘! 여기까지 와서 곰치에게 죽을 순 없어! 이 망할 놈의 이름표!"

가우디는 등딱지에서 기를 쓰고 목을 빼내, 이름표를 매단 끈을 갉기 시작했다. 그러면서 앞발로는, 계속해서 덤벼드는 곰치의 돌기를 밀쳐 냈다. 날카로운 아픔이 몇 번이나 가우디의 목덜미를 할퀴고 지나갔다. 마침내 끈이 끊어졌다.

가우디가 바위 밑으로 깊숙이 숨자, 곰치는 포기해 버렸는지 물러갔다. 가우디는 잽싸게 물 위로 떠올라 헤엄쳤다. 곰치에게 물어뜯긴 목덜미가 빨갛게 부어 있었다.

"휴, 살았다. 얼른 뭍으로 올라가야겠어. 바닷속은 이제 진절머리가 나. 무서워서 못 살겠군. 저 섬에서 좀 쉬어야지. 어휴, 죽다 살았네."

가우디는 부어 오른 목덜미를 흔들며 섬으로 엉금엉금 기어 올라갔다.

사랑해, 로티

섬은 자그마했다. 가우디의 눈앞에 하얀 모래밭이 넓게 펼쳐졌다. 모래밭 곳곳에 야자나무가 서 있었다. 야자 잎들은 모두 생기를 잃고 갈색으로 변한 채 쪼글쪼글 말라 비틀어져 있었다. 야자나무들은 마치 슬픔에 잠겨 멍하니 바다를 바라보고 있는 것처럼 보였다.

가우디는 모래밭을 지나 조금은 가파른 모래 언덕을 향해 기어갔다. 언덕 너머에 깨끗한 호수가 보였다. 목이 말랐다. 가우디는 호수까지 가야겠다고 마음먹었다. 햇빛이 가우디의 등딱지에 따사롭게 쏟아져 내렸다. 이렇게 마음 놓고 햇볕을 쬐어 보는 것도 사십 년 만의 일이었다.

바닷바람에 모래가 부드럽게 흩날렸다. 가우디는 참으로 오랜만에 평화로운 기분에 젖었다. 그러나 얼마 지나지 않아

깜짝 놀라고 말았다. 흰 모래 위에 가우디의 것과 똑같은 거북의 발자국들이 무수하게 찍혀 있었다. 발자국은 저편 언덕 너머까지 이어졌다.

"우와, 이 섬에 나와 같은 거북들이 많이 살고 있구나. 이 발자국을 따라가면 친구들을 만날 수 있겠지. 이젠 친구들과 함께 살게 됐어. 난 더 이상 외롭지 않을 거야."

가우디는 기를 쓰고 언덕을 기어 올라갔다. 그런데 언덕을 오르는 동안, 모래땅 곳곳에 낯익은 모양의 뼛조각들이 여기저기 널려 있는 것이 보였다. 가우디는 왠지 모를 두려움에 가슴이 떨렸다. 언덕 끝까지 올라갔다. 바람에 모래가 날렸다. 곧 바람이 걷히고 언덕 아래의 풍경이 고스란히 가우디의 눈앞에 펼쳐졌다.

"맙소사!"

가우디는 하마터면 기절할 뻔했다. 헤아릴 수 없이 많은 거북들이 뒤집힌 채 죽어 있었다. 바람이 등딱지를 스치고 지나갔다. 햇빛에 바랜 등딱지들 위로 긴 덩굴풀이 뒤엉켜 있었다.

야자나무 그늘 뒤를 살펴보던 가우디는 다시 한 번

놀랐다. 한 떼의 거북들이 기어가고 있었기 때문이다.
가우디는 큰소리로 외치며 그들을 향해 빠르게 기어갔다.

"이보시오, 친구들! 나는 인간 세계의 수족관에서 도망쳐 온 가우디라고 하오. 내 고향 바다를 찾아 왔는데……."

가우디는 말을 멈추었다. 뭔가 이상했다.

'아니, 저 친구들이 왜 모래밭 위를 계속 왔다 갔다 하지?'

거북은 모두 열세 마리였다. 가우디는 그들의 바로 앞까지 다가갔다. 그리고 거북들만의 몸짓으로 매우 다정하게 말을 걸었다. 그러나 그들은 가우디를 거들떠보지도 않았다. 말없이 같은 자리를 맴돌 뿐이었다. 그 거북들의 몸은 꺼칠하게 말라 있었고, 등딱지에도 금이 쩍쩍 가 있었다.

"이봐요! 물가는 저쪽이오. 이쪽이 아니라니까요! 여기는 온통 모래와 바위뿐이잖소?"

가우디는 맨 앞에 있는 거북을 막아서면서 앞발과 등딱지로 바다 쪽을 가리켰다. 그러자 그 거북이 떠듬거리면서 대꾸했다.

"다, 당신은 누구세요? 우, 우린 모두 아, 앞을 볼 수가 없어서……."

가우디는 너무 놀라서 한동안 입을 다물지 못했다.

"뭐요? 눈이 안 보인다구? 모두 다? 아니, 어째서 그렇게 됐소?"

"한 달 전에 사람들이 바다에서 엄청난 폭발 실험을 해, 했는데, 우린 그 때 포, 폭발 장면을 보았어요. 그 때 눈이 멀었지요. 나는 벌써 일곱 번이나 이, 이런 일을 당했어요. 이제 우리는 어, 어디로 가야 좋을지……. 바다로 돌아갈 수도 없고……. 아, 난 목이 말라요. 무, 물 한 모금만 마실 수 있다면……."

가우디는 알았다는 듯이 고개를 끄덕였다. 그리고 기다란 덩굴풀을 끊어 왔다. 가우디는 덩굴풀을 한 줄로 연결한 뒤, 거북들에게 차례대로 입으로 물게 했다. 그러고는 자기도 덩굴풀의 한쪽 끝을 입으로 물고, 앞장서서 그들을 이끌고 호수를 향해 걸어가기 시작했다.

거북들이 줄 지어 기어가는 모습은, 마치 작은 기차가 천천히 움직이는 것처럼 보였다. 그러나 기차는 자주 멈춰 서야 했다. 앞을 볼 수 없는 거북들이 비틀거리면서 서로 부딪히고 뒤집혔기 때문이다. 그들 중 누군가 입에 물고

있던 덩굴풀을 놓치면 가우디는 얼른 다가가서 다시 입에
물려 주었다.

"당신은 정말 마음씨 좋은 거북이군요. 옛날엔 우리도
모두 서로에게 친절했지요. 하지만 지금은 자기 한 몸
살아가기도 힘드니까 남을 생각할 여유가 없어요."

앞쪽에 있던 거북 한 마리가 말했다. 가우디는 딱하다는
목소리로 대꾸했다.

"그 마음 잘 알겠소. 하지만, 지금은 말하지 마시오.
덩굴풀이 입에서 빠져 나오니까."

가우디와 앞 못 보는 거북들은 아주 오랫동안 땡볕 아래를
기어갔다. 그들은 온몸의 힘이 다 빠질 때쯤 되어서
호숫가에 도착했다. 열세 마리의 장님 거북들은 물 냄새를
맡더니 기뻐서 마구 소리를 질렀다. 그리고 순식간에 물
속으로 우르르 몰려 들어갔다.

'아뿔싸! 이를 어째?'

가우디는 거북들이 물을 마시는 모습을 보다가, 너무
놀라서 뒤로 자빠질 뻔했다. 물을 한꺼번에 너무 많이 마신
거북들은 물 속에서 몸을 움직이지 못했다. 그들은 팔다리가

굳은 채 물 속으로 천천히 가라앉았다. 주위는 갑자기
조용해졌다.

"오, 이럴 수가! 난 이 가엾은 친구들을 죽게 하려는 건
아니었는데……."

그 때였다. 호수 한쪽 구석에서 몸집이 아담한 거북
한 마리가 허우적거리는 모습이 눈에 띄었다. 그 거북의
초점 없는 눈동자가 가우디의 가슴에 날아와 꽂혔다.
가우디는 얼른 물 속으로 뛰어들었다. 있는 힘을 다해
그 거북을 물 밖으로 밀어 올리고 또 밀어 올렸다. 한참
뒤에 두 거북은 간신히 호수 밖으로 나올 수 있었다.

그 거북은 몸집이 아담한 여자 거북이었다. 그녀는
가우디에게 가냘픈 목소리로 말했다.

"고마워요. 아까 난, 정말 죽는 줄 알았어요. 그토록
바라던 물을 실컷 마셨으니, 죽어도 좋다고 생각했는데…….
당신이 단단한 앞발로 나를 밀어 올렸을 때, 내가 너무나
살고 싶어한다는 걸 알았지요……. 내 이름은 로티예요.
당신은?"

가우디는 목을 으쓱해 보이고는 우쭐한 목소리로

대답했다.

"가우디, 내 이름은 가우디요. 난 자유를 찾아 인간 세계의 수족관에서 도망쳐 나왔소."

"인간 세계의 수족관이라구요?"

로티는 슬픈 표정을 보이더니 눈을 감았다.

"그게 뭔지는 모르지만, '수족관'이란 말만 들어도 왠지 눈물이 나오네요. 인간이란 어떤 생물인가요, 가우디 씨? 얘기 좀 해 주세요."

"인간이 어떤 생물이냐구요? 흠, 나는 인간이 만들어 놓은 유리 상자 속에서 사십 년 동안이나 살았다오. 그러니까 인간에 대해 좀 안다고 할 수 있소."

로티는 힘없는 목소리로 물었다.

"인간이란 동물들은 어쩌면 그렇게 머리가 좋지요? 하늘, 땅, 바다 할 것 없이 어디에서나 다른 생물들을 자기들 마음대로 다룰 수 있으니 말이에요."

"흥, 인간들은 자기들이 이 세상에서 최고로 잘난 줄 알고 있소. 다른 생물들이 어떻게 되든 말든 신경도 쓰지 않는단 말이오. 그들은 정말 이상하다니까요. 우리 거북처럼 오래 살지도 못하면서, 몇 억 년 전부터 있어 온 바다를 제멋대로 오염시키고 있지 않소. 수족관에서 들은 얘긴데, 배가 터질 정도로 잔뜩 먹어 대는 어른들이 있는가 하면, 배가 너무 고파 울면서 죽어 가는 어린아이들도 있다더군요. 말도 안 되는 소리지. 게다가 로티, 당신은 수족관이 어떤 덴 줄 아시오? 그 곳은 유리 상자에 온갖 바다 생물들을 잔뜩 집어넣은 커다란 수용소라오. 어른이나 애나 할 것 없이 그걸 보려고 돈을 주고 찾아온다오. 그뿐인가? 지금 인간들은 하늘이 손에 닿을 만큼 높은 곳에 동물원도 만들 거라고 하더군요. 생각해 봐요. 기린, 코끼리, 사자, 그리고 뱀들을 고향에서 아주 멀리 떨어진 도시까지 끌고 온다는 거요. 자기들 맘대로. 그래서 엘리베이터라는 것에 태워 하늘 한가운데 옮겨 놓는다니. 거 참, 얼마나 웃기는 짓이겠소?"

로티도 어이가 없다는 표정을 지었다.

"인간들은 왜 그런 짓을 하죠? 뭐든지 할 수 있다고 해서 그런 짓까지 해도 되나요?"

로티는 바다를 보려는 것처럼 얼굴을 돌렸다. 그러나

그녀의 눈동자에는 초점이 없었다.

"가우디 씨, 난 눈이 멀었어요. 냄새도 잘 맡을 수가 없어요. 등딱지 안쪽은 전체가 빨갛게 부풀어 올라 가만히 있어도 몹시 아프답니다."

"어쩌다 그렇게 됐소?"

"폭발 때문이에요. 제가 알고 있는 것만도 열 번이 넘어요. 할아버지가 그러셨는데, 원래 인간들은 공중에서 폭발 실험을 했대요. 그런데 요즘은 바다 밑바닥에 구멍을 깊이 파고 실험을 한다는군요. 폭발할 때 나는 그 끔찍한 소리는…… 아아, 무서워요. 생각만 해도 소름이 끼쳐요. 그 무시무시한 소리가 나면, 곧바로 눈을 뜰 수 없을 정도로 강한 빛이 온몸 구석구석을 날카롭게 파고들어요. 그리고 바다에는 거센 바람과 파도가 미친 듯이 일지요. 거대한 버섯 모양의 구름이 하늘 위로 피어오르고……. 그리고 바다 위에는 죽은 물고기들이 배가 뒤집힌 채 허옇게 떠오르죠."

"인간은 왜 그런 일을 한다던가요?"

가우디의 눈은 놀라움으로 두 배나 커져 있었다.

"모르겠어요. 하지만 난 그 자리에 있던 사람들을 봤어요.

정치가, 과학자, 경제학자, 그런 이름표를 단 자들이
군인들과 손을 잡고 기뻐했지요. 그들이 웃고 떠들면서
밤새 술을 마시는 걸, 내 눈이 멀쩡할 때 똑똑히 봤어요.
바로 이 섬에서였죠. 우리 할아버지, 아버지, 내 동생들…….
그 무시무시한 폭발이 있던 날 모두 죽었어요. 난 인간을
용서할 수 없어요. 자연은 언젠가 인간에게 복수할 거예요.
나도 복수할 거고요. 내 입이 이렇게 작긴 하지만, 인간의
발가락쯤이야 단번에 물어뜯을 수 있다구요. 그런데 이젠
앞을 볼 수 없으니……."

로티의 눈에서 굵은 눈물방울이 뚝뚝 떨어졌다. 가우디는
로티를 위로해 주고 싶었다. 마침 바위틈에 먹음직스러운
풀이 자라 있었다. 가우디는 풀을 뜯어 로티의 입에 넣어
주려고 했다.

"안 돼요, 가우디 씨! 이 섬에 있는 건 아무것도 먹지
말아요. 먹으면 온몸이 썩어 들어가요!"

로티가 소리쳤다. 가우디는 풀을 멀리 던져 버렸다.
그래도 가우디는 여전히 슬픔에 젖어 있는 로티에게 힘을
주고 싶었다. 로티의 옆모습이 무척 예쁘다는 생각도

들었다. 가우디는 씩씩하게 말했다.

"어쨌든, 난 무척 기쁘오. 오랜만에 이렇게 좋은 친구를 만났으니 말이오. 수족관에서도 난 항상 외톨이였소. 바다거북이라고는 나 혼자뿐이었거든. 아, 물론 물고기 친구들이 멋진 춤을 보여 주곤 했지. 그 중에서도 푸루라는 녀석은 참으로 좋은 친구였소. 그런데 푸루는……."

가우디는 말하다 말고 갑자기 입을 다물었다. 끝없이 펼쳐진 수평선을 향해 슬그머니 눈을 돌렸다. 푸루가 일곱 바퀴 회전춤을 추던 모습이 눈앞에 아른거렸다.

"가우디 씨, 수족관이란 곳에는 먹을 게 많았나요?"

"물론이오. 인간들은 먹을 걸 아주 넉넉하게 주었소. 그리고 내가 어쩌다 유리벽에 머리를 부딪쳐 다치기라도 하면, 수의사란 녀석이 치료도 해 주었다오. 사실 그 사람 덕분에 내가 거기서 탈출할 수 있었소."

"수의사, 음, 그러니까 의사라는 건 아픈 사람의 몸을 고쳐 주는 사람인가 봐요?"

"그렇소. 하지만 요즘 인간들은 몸보다도 머리를 더 고쳐야 할 거요. 하하하."

가우디는 인간을 감쪽같이 속이고 탈출한 일이 떠올라서 기분 좋게 웃었다.

"수족관은 참 좋은 곳이군요. 의사도 있으니."

"천만의 말씀. 의사가 있어도 난 거기가 싫소. 오죽하면 이렇게 도망쳐 나왔겠소?"

"하지만 가우디 씨. 난 의사가 있으면 정말 좋겠어요. 폭발 실험이 있은 뒤로 몸이 이상해졌거든요. 무거운 납덩어리를 등에 짊어진 것처럼 몸이 무거워요. 나뿐만이 아니에요. 모두가 그래요. 저 바위 밑에 살고 있는 게도 그렇고, 말미잘도 그렇고, 하늘을 나는 갈매기도 그렇고……. 여기 살고 있는 생물들 모두 똑같은 병에 걸렸어요."

가우디는 로티의 말을 듣고, 이제까지 보아 온 바닷속의 풍경을 떠올렸다.

'그렇군. 바닷속 생물들이 모두 병 때문에 이상하게 변해 버렸던 거야.'

가우디는 징그러운 모습으로 변한 곰치를 생각했다. 곰치에게 물린 자리는 빨갛게 부어올라, 아직도 따끔따끔 아팠다. 로티가 고개를 수그린 채 한숨을 쉬었다.

사랑해, 로티

"나는 이제 외톨이가 되고 말았어요. 지금까지는 어려운 일이 있더라도 서로를 위로하며 살아왔는데, 모두 호수에 가라앉아 버렸으니……. 이제 나는 어떡하면 좋지요?"

"로티, 당신은 혼자가 아니오. 내가 있잖소."

가우디는 로티를 안심시키기 위해 목소리에 힘을 주어 말했다.

"하지만 나는……, 앞을 볼 수가 없어요. 게다가 병에 걸려 몸도 조금씩 썩어 가고 있어요."

"걱정 말아요, 로티. 내가 옆에 있어 주겠소."

로티는 아무 대꾸도 하지 않았다.

"로티, 나는 지금까지 너무나 외롭게 살아왔소. 인간이 만든 엉터리 자연 속에서 살 때에는 행복이 뭔지도 몰랐다오. 그런데 지금, 나는 가슴이 벅차요. 정말 소중한 친구를 얻었으니 말이오. 난 정말 기뻐요. 바로, 당신을 만났기 때문이오."

"가우디 씨, 우리 이 섬을 떠나요."

로티는 고개를 돌려 언덕 너머를 바라보았다. 죽은 거북의 빈 등딱지들이 여기저기 나뒹굴고 있는 그 곳을. 하지만 로티의 눈에는 아무것도 보이지 않았다.

"이 섬엔 죽음만 남았어요. 온통 시체들뿐이에요. 하지만 난 살고 싶어요. 당신을 만났으니까요. 가우디 씨, 정말 고마워요."

가우디는 로티의 앞발을 굳게 잡았다. 그들에게는 작별 인사를 할 친척도, 친구도, 가져가야 할 짐도 없었다. 가우디와 로티는 친구들의 시체가 무수히 널려 있는 모래섬을 떠나, 남태평양을 향해 헤엄쳐 갔다.

푸르게 넘실거리는 바다 위로 따뜻한 햇살이 내려앉았다. 파도는 잔잔하게 일렁거렸고, 바람은 가우디와 로티의 머리를 부드럽게 간질였다. 가우디는 이따금 물방울을 튕기며 날아오르는 갈매기들을 보고, 수족관에서 탈출하기를 잘했다고 마음속으로 흐뭇해했다. 기분이 좋아진 가우디는 지나가는 갈매기에게 큰소리로 인사를 건넸다.

"여어, 갈매기 군, 안녕하신가?"

갈매기는 잔뜩 쉰 목소리로 끄르륵거리며 대답했다.

"끄르르륵, 안녕하다니요? 우리 갈매기들은 모두 죽을
맛이에요. 목구멍이 퉁퉁 부어서 제대로 먹지도 못하니,
하늘을 나는 것조차 힘들다구요. 아, 높은 하늘 위를
마음대로 날아다니던 옛날이 좋았지요. 그러나 지금은……."

갈매기는 속상한 표정을 지으며 말을 멈추었다. 그러나
곧 날개를 푸드득거리며 말을 이었다.

"하늘엔 시커먼 죽음의 먼지가 가득해요. 잠깐만 숨을
쉬어도 목구멍이 콱 막히고 금방 부어올라요. 심할 때에는
목에서 피고름까지 나온다구요. 하늘은 이제 끝장났어요.
당신이 부럽군요. 나도 바다에서 태어났으면 좋았을걸."

"무슨 소리요? 바닷속도 엉망진창이라오. 여긴 정말 몹쓸
땅, 아니, 몹쓸 바다가 되어 버렸소. 우리도 지금 살 곳을
찾아서 이렇게 바다를 헤매고 있는 거요."

가우디에 이어, 로티가 눈살을 찌푸리며 말했다.

"정말 속상해요. 대체 누가 바다를 이렇게 망쳐 놓은
거죠? 물이 죽으면 물고기도 죽어요. 물은 생명이라구요."

가우디도 거들었다.

"맞소. 하늘이 더러워지면 새들도 더 이상 살 수 없다오.

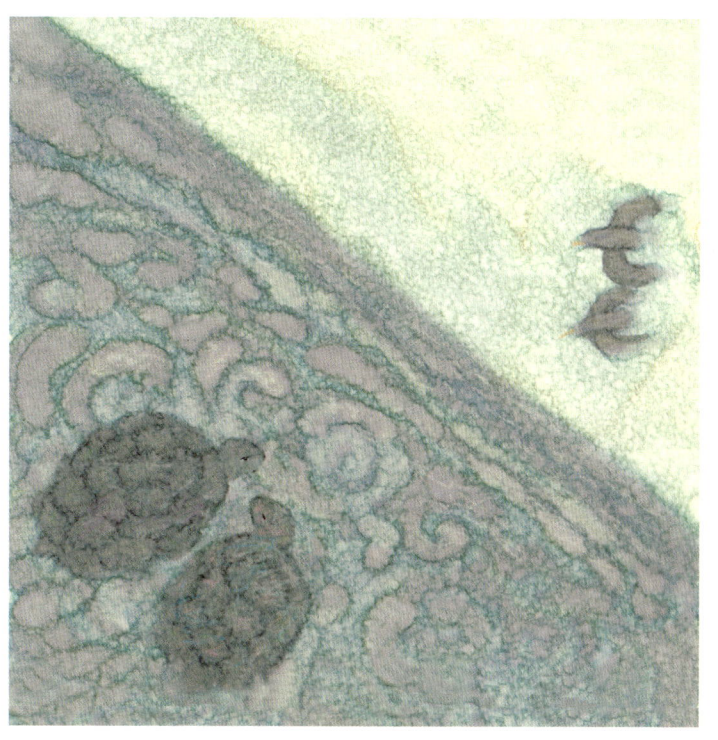

하늘은 생명이지요. 자연이 죽으면 사람들도……. 그렇소, 사람들도 죽는다오. 자연은 곧 생명이오."

갈매기가 힘겹게 날갯짓을 하며 가우디에게 충고했다.

"참, 거북 씨, 남쪽으로 가시는 것 같은데 조심하세요. 그 쪽의 넓은 사막에도 엄청난 회오리바람이 몰아치고 있답니다. 이번엔 땅 속에서 폭발 실험을 하는 모양이에요. 인간은 왜 어린애같이 그런 폭발 놀이를 좋아하는지……."

"어디 땅 속뿐인가요? 땅 위에서도, 바다 밑에서도 똑같은 짓을 하고 있다구요!"

로티가 가슴 아픈 기억을 떠올리며 소리쳤다.

"맞아요. 하늘 위에서도 그랬어요. 며칠 전에, 내가 서쪽 하늘을 날고 있을 때였어요. 갑자기 머리 위에서 뜨거운 불길이 나를 덮쳐 오지 뭡니까. 내 날개가 다 타 버리고 말았죠. 너무 고통스러웠어요. 날개는 갈색이 되어 버리고, 연기까지 났다구요. 상상해 봐요, 갈색 날개를 가진 갈매기라니요. 얼마나 화가 나던지. 서쪽 하늘은 죽음의 하늘이에요. 오존층이라는 것에 커다란 구멍이 뚫려 버렸대요. 거기선 이제 아무도 살 수 없다구요."

갈매기는 콜록거리면서 동쪽 하늘로 날아가 버렸다.

 가우디와 로티는 헤엄치고 또 헤엄쳤다. 마침내 그들은 작고 아름다운 섬 하나를 발견했다. 모래밭은 깨끗했고, 야자나무에는 잘 익은 열매가 주렁주렁 매달려 있었다.
 "괜찮은 섬이군. 로티, 우리 저 섬에서 삽시다. 만약 저 섬에서도 살 수 없게 된다면, 그 때는 아마 이 세상 어느 곳에서도 살 수 없을 거요."
 "좋아요, 가우디 씨. 저 섬에 가면 내 병도 나을 것 같아요."
 섬 가까이에 이르자 빛깔이 고운 산호초들이 하나둘씩 나타났다. 햇빛이 그 위에서 영롱하게 반짝거렸다. 섬에서 불어온 잔잔한 바람도 가우디와 로티를 반겨 주었다.
 가우디는 섬 곳곳을 살펴보며 발걸음을 옮겼다. 로티도 말없이 가우디의 뒤를 따랐다. 앞을 못 보는 로티는 오로지 가우디가 움직이는 소리에만 의지하며 여기까지 왔다. 어느 사이엔가 로티는 가우디만 믿고 있었던 것이다.
 하얗고 깨끗한 모래밭은 섬 저쪽까지 이어져 있었다.

가우디는 하늘을 올려다보았다. 수채화 물감을 풀어 놓은 것처럼 푸르고 투명한 하늘에는 토실토실한 조각구름들이 떠다녔다. 가우디는 오랜만에 보는 아름다운 경치에 새삼 감탄했다.

"로티, 다 왔소. 여기가 우리의 보금자리요."

가우디는 야자나무 숲 아래에 있는 커다란 바위를 가리키며 말했다. 로티는 조용히 가우디의 등딱지에 머리를 기댔다. 로티의 눈동자는 행복에 겨워 촉촉이 젖어 있었다. 가우디는 로티를 향해 웃어 주었다.

"아, 로티, 나는 지금 정말로 행복하오. 그 동안의 일들이 마치 꿈만 같구려. 힘들고 슬프고 괴로웠던 일들은 모두 잊어버립시다. 이제부터는 달콤하고 즐거운 일들만 생각하기로 해요. 모든 일이 다 잘될 거요."

밤이 되었다. 가우디와 로티, 둘만의 신혼 첫날밤이었다. 환한 보름달 빛이 밤하늘을 가득 채우고 있었다. 가우디는 로티에게 속삭였다.

"이제 우리 부부가 됩시다. 오, 로티. 내가 당신 속으로 들어갈 거요. 당신의 몸에 아름다운 생명의 싹을 심어

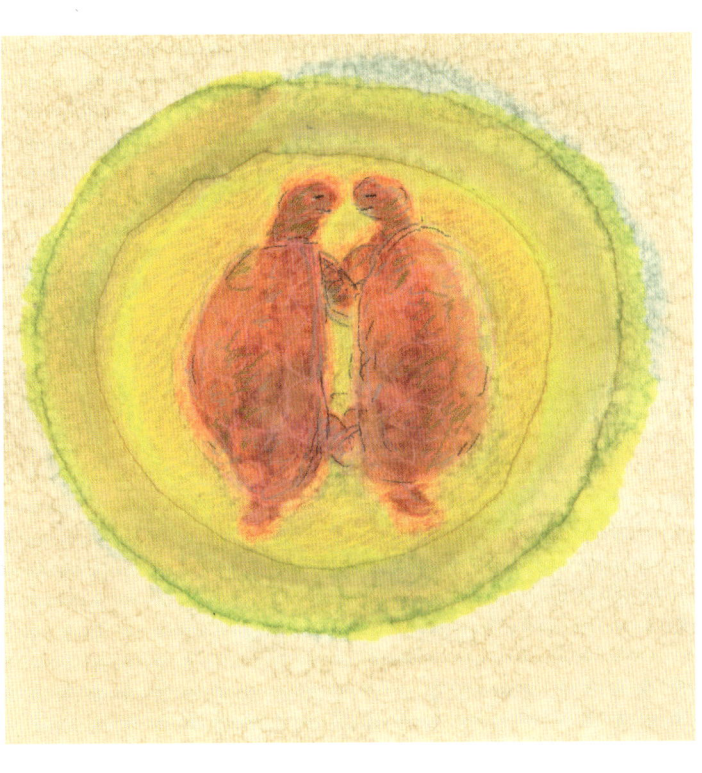

주겠소."

로티는 앞을 볼 수도 없는 눈을 가우디 쪽으로 돌렸다. 그리고 수줍은 듯이 고개를 끄덕였다.

"나, 무거울 텐데, 괜찮겠소? 당신이 찌부러지면 어쩌지?"

로티는 미소를 지으며 상냥한 목소리로 대답했다.

"아무래도 좋아요. 난 당신과 함께 있는 것만으로도 행복한걸요."

달빛이 흰 모래밭 위에서 눈부시게 반짝였다. 검은 파도도 쉴 새 없이 철썩거리며 해변을 부드럽게 핥아 주고 있었다. 가우디와 로티는 오랫동안 사랑을 나누었다.

"아아, 가우디. 난 정말 행복해요. 이제 우린 어떻게 될까요? 우리 아이가 곧 태어나겠죠? 그리고 그 아이가 또 아이를 낳고, 그 아이의 아이가 또 아이를 낳겠죠?"

가우디는 로티의 등딱지 위에 두툼한 앞발을 얹은 채, 흥겹게 노래하듯이 말했다.

"아빠 거북 등에는 아들 거북이 올라타고, 아들 거북 등에는 손자 거북이 올라타고……, 엄마 거북 등에는 딸 거북이, 딸 거북 등에는 손녀 거북이 올라타네. 얼씨구 좋구나!"

로티가 갑자기 걱정스러운 목소리로 물었다.

"하지만 가우디, 만약 우리 아이들이 나처럼 앞을 못 보면 어떡하죠? 그 아이의 아이들까지 앞을 못 보면요? 눈이 먼 아이들이 평생 저 무시무시한 바다에서 살아가야 한다고 생각하면……."

"걱정 말아요. 나를 믿어요. 아무 문제 없을 거요."

가우디는 자신만만하게 고개를 끄덕였다.

"그런데…… 가우디, 당신은 정말 무겁군요."

"허허, 그래서 내가 미리 얘기했잖소. 무거울 거라고. 하긴 뭐, 우리 거북들이 무거운 거야 당연하잖소."

로티는 가우디를 향해 사랑이 듬뿍 담긴 미소를 지었다.

가우디와 로티의 신혼 생활은 마치 꿈꾸듯 달콤했다. 새끼 거북을 밴 로티의 배는 금세 불러왔다. 가우디는 이제껏 한번도 맛보지 못했던 행복감으로 가슴이 벅차올랐다.

"만약 지금까지도 수족관에 갇혀 있었더라면……."

가우디는 로티에게 속삭이듯이 말했다.

"생각만 해도 소름이 오싹 돋는걸. 인간이 만든 네모난 유리 상자에서, 어떻게 대자연의 둥근 알이 태어날 수 있겠소? 아마 인간들은 네모난 알을 낳을 거요."

로티와 가우디는 하늘을 향해 허연 배를 드러낸 채, 네 발로 허공을 휘저으며 실컷 웃었다.

그러나 그들은 마냥 행복해할 수만은 없었다. 로티의 배가 불러 오면서 몸은 더 약해지고, 병도 깊어졌기 때문이다. 로티는 온몸이 무겁고 하루 종일 기운이 없었다. 음식 냄새만 맡아도 구역질이 나왔다. 로티의 몸은 바짝바짝 말라 갔다.

"가우디, 나는 어떻게 되는 걸까요? 나도 내 가족들처럼 그렇게 죽겠지요?"

로티가 쓸쓸하게 웃으며 물었다. 가우디는 무슨 일이 있어도 로티를 살려 내야겠다고 다짐했다. 낮에는 푸른 하늘에 유유히 떠다니는 흰 구름을 향해, 밤에는 어둠 속에서 맑게 반짝이는 별들을 향해, 가우디는 앞발을 모으고 기도했다.

그러던 어느 날이었다. 그 날도 가우디는 기도를 하고

있었다. 그 때 바다 멀리서 하얀 물보라가 솟아오르는 것이 보였다. 고래 떼가 섬 쪽으로 헤엄쳐 오고 있었다.

'어? 예전에 만났던 그 고래들이잖아? 죽을 장소를 찾아 간다고 했었는데……. 설마, 이 섬을 죽을 곳으로 택했다는 건가? 그럼 안 되는데……. 어쨌든, 가서 인사라도 해야지.'

가우디는 고래들을 향해 헤엄쳐 갔다.

"아니, 당신은 전에 만났던 거북 양반이 아니오? 하하하, 다시 만나서 정말 반갑소."

우두머리 고래가 반가워하며 가우디에게 먼저 말을 걸어 왔다.

"지난번에 만났을 때, 우린 죽을 장소를 찾고 있었지요. 오염된 물 속에서 우리가 죽는 건 시간 문제였으니까 말이오. 그 때는 정말이지, 산다는 게 참 괴롭더군요."

가우디는 고래의 말이 끝나기가 무섭게 대꾸했다.

"그런데, 오늘은 즐거워 보이시네요. 몸도 건강해 보입니다."

"오 이런, 아직 모르시오? 태평양 저편에 수리아 바다가 있다는 말도 못 들어 보셨소? 그 바다 밑바닥에는 거대한 나무가 자라고 있어요. 그 나무가 신비한 힘으로 우리 고래들을 치료해 주었다오. 다 죽어가는 생물도 그 나무의 즙만 빨아 먹으면 금세 팔팔하게 살아난답디다. 우리는 우연히 그 곳을 지나다가 그 나무의 기운을 받고 이렇게 건강해졌소이다. 그 나무는 '생명의 나무'라고 하오. 지금 세상의 모든 생물들이 생명의 나무를 찾아가고 있다더군요. 우리도 또 다시 건강이 나빠지면, 수리아 바다로 통원 치료를 갈 생각이오."

고래는 가우디에게 자랑스럽게 말했다. 그리고 생명의 나무가 있는 곳을 자세히 알려 주었다. 가우디는 황급히 보금자리 바위로 돌아와서 로티에게 말했다.

"로티, 좋은 소식이 있소. 당신의 병을 고칠 수 있을 것 같소. 고래한테 들었는데, 태평양 너머 수리아 바다에 생명의 나무가 자라고 있다는 거요."

"생명의 나무? 그게 뭐죠?"

"나도 잘 모르겠소. 하지만 그 나무에 가까이 가거나, 나무를 만지거나, 그 즙을 마시기만 해도 병이 말끔히 낫는다는군. 몸의 병도, 마음의 병도 모두 말이오."

"하지만 그걸 어떻게 믿죠? 바다엔 헛소문이 많이 떠돌잖아요."

"너무 나쁜 쪽으로만 생각하지 말아요. 거 왜, 세상엔 가끔 기적 같은 일들도 생기곤 하잖소. 나이를 먹으면 아는 것이 많아지지만, 그래도 여전히 알지 못하는 일들이 저 바닷가 모래알처럼 많은 법이라오. 한번 믿어 봅시다. 내가 수리아 바다로 가서 확인해 보겠소. 수리아가 아무리 멀지라도 난 갈 거요. 당신의 병을 고치고야 말겠소. 그리고 또, 우리 아이들이 설령 장님으로 태어난다 해도 걱정 마시오. 귀머거리로 태어나든, 등딱지 속에 머리와 다리가 들어간 채 태어나든, 뭐가 문제요? 우린 어떤 어려움도 이겨 낼 수 있는데 말이오. 이제부터 우리는 아주 행복하게 살 거요."

로티는 가우디의 말을 들으면서 기쁘기도 하고 왠지 불안하기도 했다. 하지만 가우디는 더 이상 늑장을 부리고 있을 수 없었다. 로티의 병이 너무나 깊어졌기 때문에 서둘러야 했다.

가우디는 떠날 준비를 마쳤다.

"가우디, 빨리 돌아와야 해요. 생명의 나무를 찾지 못해도 좋아요. 나는 당신이 곁에 있는 것만으로도 행복하니까요."

로티는 보이지 않는 눈으로 가우디를 쳐다보며 애처롭게 말했다.

"물론이오, 로티. 하지만 난 당신의 병을 꼭 고쳐 줄 거요. 그리고 아기는 걱정하지 마시오. 날 쏙 빼닮은 건강한 녀석들이 태어날 테니까."

가우디는 로티를 안심시켰다. 그리고 곧장 수리아 바다로 떠났다.

생명의 나무는 어디에

 얼마쯤 갔을까. 가우디는 문득 눈앞에 펼쳐진 광경을 보고 깜짝 놀랐다. 하나둘씩 주위로 몰려들던 생물들이 어느새 수도 없이 많아졌다. 더 놀라운 것은 하늘 위, 바닷속, 그리고 바다 밑바닥의 진흙 속에서도 모든 생물들이 같은 방향으로 움직이고 있는 것이었다.

 "수리아로! 수리아 바다로!"

 모두들 날개를 푸드득거리고, 꼬리지느러미를 흔들고, 다리를 휘저으며 자기들만의 몸짓으로 이렇게 외치고 있었다.

 "우와, 생물들이 모두 이리로 모이는 것 같네. 오, 벌써 되돌아오는 녀석들도 있는걸. 모두들 아주 건강해 보이는데 그래. 하나같이 입에 뭔가 물고 있잖아. 생명의 나무

잎사귀인가?"

가우디는 물 위에서 파도를 타고 헤엄쳤다. 생명의 나무를 꼭 찾고야 말겠다고 마음속으로 한 번 더 다짐했다. 문득 로티 생각이 나서 떠나 온 섬 쪽을 뒤돌아보았을 때였다. 가우디는 뗏목을 타고 발로 노를 저으며 뒤따라오는 토끼들을 발견했다.

"아니, 어떻게 여기까지? 토끼 씨들, 대체 무슨 일로 여기까지 왔소?"

"거북 씨, 우리들 눈 좀 봐요. 사람들이 이렇게 만들어 놨어요. 이 귀엽고 빨간 눈에다가 매일 이상한 주사를 놓았다구요. 뭐, 눈이 멀어져 가는 상태를 관찰한다나요?"

토끼는 아직도 화를 가라앉히지 못하고 씩씩거렸다.

"사람들이 왜 그런 짓을?"

가우디의 질문에 다른 토끼가 나서서 대답했다.

"화장품이라는 것을 만들기 위해서래요."

"화장품?"

"그래요. 사람들의 얼굴을 예쁘게 꾸며 주는 거라고 하더군요. 사람들은 자기 얼굴을 예쁘게 하기 위해서라면,

남의 얼굴은 망쳐 놔도 된다고 생각하나 봐요."

"나도 수족관에서 살아 봤기 때문에 사람에 대해서는 좀 아는 편이오. 그들은 지구상에서 자기들이 최고라고 생각하지요. 참으로 건방진 녀석들이라오."

기분이 우울해진 가우디는 다시 물 속으로 들어가려고 했다. 그 때, 돌고래들이 위잉 바람 소리를 일으키며 무서운 속도로 가우디를 지나쳐 갔다. 가우디는 돌고래들이 일으킨 세찬 물살에 휩쓸려서 잠시 기우뚱했다.

"이봐요, 돌고래 양반들! 물 속에서 그렇게 속도를 내면 어떡합니까? 바다 생물이 다 당신네들처럼 빠를 순 없잖소. 남 생각도 좀 하시오."

"미안해요, 거북 씨. 하지만 이해해 줘요. 이걸 보라구요. 우리 몸속에는 무선 폭탄이 들어 있어요. 사람들이 폭탄을 우리 몸속에 심어 놨다구요. 우리를 적들이 있는 곳에 보내 놓고, 사람들이 안전한 곳에서 단추만 누르면 폭탄이 터지게 돼 있어요. 그럼 우리 몸은 꽝! 하고 산산조각이 나겠죠. 이렇게 정신없이 헤엄이라도 치지 않으면, 당장에라도 미쳐 버릴 것 같아요. 폭탄이 몸속에 심어져 있으니 어떻게 빼낼 수도 없다구요!"

돌고래들은 온몸을 부르르 떨더니 다시 무서운 속도로 떠나 버렸다.

"쯧쯧, 가엾은 친구들. 인간들은 정말 잔인해."

가우디는 다시 물 위로 올라갔다. 온갖 새들이 하늘을 날고 있는 것이 보였다. 모두 수리아 바다를 향해 날아가고 있었다. 얼마나 많은 새들이 날아가던지, 햇빛이 다 가려질 정도였다.

"지금쯤 로티는 뭘 하고 있을까? 아, 빨리 생명의 나무를 찾아내야 할 텐데."

가우디는 네 발을 부지런히 움직이며 쉬지 않고 앞으로 나아갔다.

멀찍이 떨어진 곳에 검은 덩어리가 둥둥 떠다니는 것이 보였다.

"저게 뭐지? 바다 위에 왜 저런 게 떠다니지?"

가우디는 더 빠른 속도로 헤엄쳐서, 검은 덩어리가 있는 곳으로 갔다. 그것들은 커다란 유조선과 낡은 기름

탱크들이었다.

"세상에, 유조선이 이런 데 와 있다니. 틀림없이 인간들이 기름 찌꺼기나 공장 쓰레기들을 버리려고 끌고 온 걸 거야. 정말 나쁜 짓만 골라서 하는 놈들이로군. 내가 박치기를 해서라도 배 밑바닥에 구멍을 내 버리겠어."

화가 잔뜩 난 가우디는 유조선에 가까이 다가갔다. 뜻밖에도 그 배 위에는 믿기지 않을 만큼 다양한 종류의 동물들이 돌아다니고 있었다. 돛대 위에서 '대자연 녹십자'라고 씌어진 깃발이 나부꼈다. 하얀 앞치마를 두른 원숭이들이 소리를 지르며 밧줄을 타고 바쁘게 돌아다녔다.

가우디가 뱃머리 가까이 다가갔을 때였다. 마침 뱃머리 근처에서 얼쩡거리던 원숭이 한 마리가 실수로 바나나를 바다에 떨어뜨렸다. 가우디는 재빨리 물 속으로 들어가 가라앉고 있던 바나나를 입에 물고 물 위로 올라 왔다.

"거북아, 그건 여기서 매우 귀한 거니까 돌려줘."

원숭이가 소리쳤다. 배에서 줄에 매달린 자루 하나가 내려왔다. 바나나를 자루 안에 집어넣으려고 버둥거리던 가우디는 아차 하는 사이에 자루 안으로 끌려 들어갔다.

그리고 곧 배 위로 끌어 올려졌다.

"성질도 급하긴. 잠시 기다리다가 바나나만 받으면 될 텐데, 나까지 끌어올리다니. 원숭이는 인간처럼 생기긴 했어도 확실히 머리가 나쁘다니까."

가우디는 자루에서 기어 나오면서 어이가 없다는 듯 웃었다.

그러나 배 안을 둘러보고는 눈이 휘둥그레졌다. 드넓은 갑판은 갖가지 크기의 하얀 침대들로 빽빽이 차 있었다. 귀뚜라미가 누울 정도로 작은 침대도 있고, 코끼리가 누워도 될 만큼 엄청나게 큰 침대도 있었다. 침대 위에는 병든 동물들이 누워 있었다. 갑판 위는 동물들의 울음소리와 신음 소리 때문에 몹시 시끄러웠다.

'맙소사. 이럴 수가! 지구상에 살아남은 생물들은 여기 다 모여 있는 것 같잖아. 이들이 모두 생명의 나무를 찾아가고 있단 말이야?'

가우디가 속으로 놀라고 있을 때, 바나나를 떨어뜨렸던 원숭이가 다가왔다.

"고마워. 바나나만 있으면 나는 언제나 천국에 있는 것

같은 기분이야. 그걸 바다에 떨어뜨렸으니, 하마터면 지옥으로 갈 뻔했지 뭔가?"

"지옥에 갈 뻔했다구? 자넨 바나나가 그렇게 좋나?"

가우디가 묻자 원숭이는 큰소리로 웃었다.

"하하하, 농담이야. 바나나를 좋아하긴 하지만, 지금은 몹쓸 병에 걸린 지구의 생물들을 치료하는 게 무엇보다 중요하다구."

그 원숭이는 어디론가 급하게 가 버렸다. 지나가던 다른 원숭이가 떠들어 댔다.

"우리는 인간이랑 비슷하게 생기긴 했지만, 그들처럼 머리가 똑똑하진 않아. 그래도 우린 지킬 건 지킨다구. 인간들은 자기들 멋대로 세상을 뒤집어 놓지. 자연에는 건드리지 말아야 할 것이 분명히 있는데도 말이야. 이기적인 인간들이 잔인한 짓을 해서 다치거나 죽어 간 생물이 얼마나 많은 줄 알아? 인간들은 자기들이 하는 짓을 자연이 참고, 지켜보고 있다는 걸 몰라. 정말 한심한 노릇이지. 물론 인간 중에는 괜찮은 녀석들도 있어. 이 배도 원래 바다 밑에 있던 기름을 퍼내서 운반하던 건데, 착한 사람들 몇 명이 우리 동물 병원에 기증한 거야. 아, 바쁘구나, 바빠!"

그 원숭이도 어디론가 급히 뛰어가 버렸다.

'세상엔 남을 위해 이렇게 바쁘게 일하는 친구들도 있군.'

가우디는 문득 자신만을 생각하며 살아온 것이 부끄러워졌다.

마침, 돛대 밑에 누워 있던 코끼리가 다 죽어 가는 목소리로 가우디에게 물었다.

"이보게, 수리안가 뭔가 하는 바다는 아직 멀었나? 생명의 나무라는 것이 정말 있기는 한 건지. 아, 빨리 그 나무를 보고 싶네."

가우디는 배 위의 동물들이 하는 이야기에 귀를 기울였다. 동물들은 인간이 얼마나 잔인한지에 대해 침을 튀겨 가며 떠들었다. 살아 있는 원숭이 머리를 잘라 골을 파먹는 인간도 있고, 살아 있는 곰의 쓸개에 구멍을 뚫어 즙을 빨아 먹는 인간도 있다고 했다. 가우디는 너무 끔찍해서 심장이 멎는 것 같았다.

그 때 갑자기 뱃머리 쪽이 술렁거렸다. 하늘이 컴컴해졌다. 가우디는 먹구름이 낀 줄 알았다. 그러나 그것은 구름이 아니라 수천 마리의 새 떼였다. 수리아 바다 쪽에서 검은 구름처럼 수많은 새들이 날아오고 있었다. 바다도 마찬가지였다. 수리아 바다 쪽에서 도망쳐 나오는 생물이 바다 위에도 득시글했다.

배에 타고 있던 동물들은 모두 어쩔 줄 몰라 날뛰었다. 침대 위에 누워 있던 동물들도 모두 소리를 질러 대며 자리에서 일어났다. 다리를 다친 동물은 한쪽 다리로 절룩거리며 뛰고, 날개를 다친 새는 한쪽 날개로 푸드득거렸다. 홑이불이 이리저리 날아다니고, 베개들이 바닥에서 뒤엉켰다. 돛대 위에서 망을 보던 원숭이가 확성기에 대고 소리쳤다.

"모두에게 알립니다! 인간이 나타났습니다! 갈매기들이 그러는데, 인간들이 지금 수리아 바다에서 핵폭탄을 터뜨리려고 한답니다!"

가우디는 기겁을 했다.

"수리아 바다에서 핵폭탄을? 설마 생명의 나무를 없애려는 건 아니겠지?"

다른 원숭이가 침대 주위를 뛰어다니며 소리쳤다.

"여러분, 모두 진정하십시오! 우리 배는 이제 왔던 길로 되돌아갑니다. 인간들이 또 폭발 실험을 한다고 합니다. 그래서 우리는 더 이상 수리아 바다로 갈 수 없게 됐습니다. 당황하지 마시기 바랍니다. 모두 침착하십시오. 하지만 생명의 나무는……."

원숭이는 말을 끝맺지 못하고 그 자리에 주저앉아 엉엉 울고 말았다. 동물들의 꿈을 싣고 달리던 배는 방향을 반대로 돌렸다. 가우디의 가슴은 분노로 부글부글 끓어올랐다.

'로티가 말했지. 대자연을 파괴하는 인간들은 발가락을 물어뜯어서라도 복수해야 한다고. 좋아! 난 수리아로 가겠어. 모든 생물을 구해 줄 생명의 나무를 내가 지키겠어. 그 폭탄을 내 이빨로 물어뜯어 버릴 거야.'

가우디는 자신이 해야 할 일을 떠올리며 이를 악물었다.

'하지만, 나는 죽을지도 몰라. 내가 없으면 앞을 못 보는 로티는 어떻게 살아가지? 그래, 난 로티 곁에 있어 줘야 해. 내 아이들도 곧 태어날 거라구.'

가우디는 다시 고개를 저었다.

'아니야, 난 가야 해. 만약 생명의 나무가 핵폭발로 산산조각 나 버리면, 병든 생물들은 어떻게 해? 로티의 병도 고쳐 줄 수가 없다구. 그래, 난 수족관에 있을 때부터 언제나 내 생각만 했어. 함께 도망쳐 나온 푸루도 배신했지. 모두 다 내 이기심 때문이야. 혼자만 잘 살 수는 없어. 자기 혼자만 잘 살면 된다고 생각하니까, 인간이 자연을 망치는 거라구. 좋아, 가겠어! 로티, 당신은 내 마음을 이해해 주겠지?'

가우디는 눈을 질끈 감았다. 그리고 힘차게 바닷속으로 뛰어들었다.

자연을 돌려다오

　수리아 바다는 이글이글 타오르는 태양 바로 밑에서, 신비스러운 푸른색으로 출렁이고 있었다. 가우디는 물 위로 머리를 내밀고 주위를 살피면서 수리아 바다를 향해 헤엄쳤다. 배에 있던 원숭이는, 인간들이 수리아 바다 한복판의 해저 이백 미터 지점에서 핵폭발 실험을 한다고 했다. 생명의 나무도 그 근처에 있을 것이 틀림없었다. 도망쳐 나오는 생물들과 몇 번씩이나 부딪치면서, 가우디는 열심히 바다 가운데로 헤엄쳐 들어갔다. 이윽고, 커다란 나무가 물결에 우아하게 흔들리면서 우뚝 솟아 있는 모습이 눈에 띄었다. 바다색보다 더 푸르른 잎사귀들이 가지 끝에 매달려 싱싱한 기운을 뿜어내고 있었다. 나무에서는 정신이 맑아지는 것 같은 독특한 향기가 풍겨 나왔다.

"오오, 이게 바로 생명의 나무인가 보구나! 정말 신비롭고 아름답군. 이렇게 크고 우아한 나무가 바닷속에서 자라고 있었다니 참으로 놀라워. 그런데, 인간들은 왜 이런 곳에서 핵폭발 실험을 하려고 하지?"

가우디는 화가 치밀어 올라, 주위를 살피지도 않고 급하게 앞으로 나아갔다. 그러다가 무엇인가에 머리를 세차게 부딪쳤다. 그것은 철사로 만들어진 그물이었다. 그물은 핵 실험을 할 장소 주위에 둘러쳐져 있었다.

"여기가 실험을 할 곳이로군. 어림없지. 이까짓 철사쯤은 내 이빨로 한 번에 끊을 수 있어."

가우디는 딱딱한 철사를 이빨로 끊어 구멍을 냈다. 그리고 그 틈으로 들어갔다.

"그런데 폭탄은 어디 있는거야?"

그의 머릿속은 온통 폭탄을 찾아야 한다는 생각뿐이었다.

"원숭이에게 들은 대로라면, 폭탄에 연결된 까만 전깃줄이 이 근처에 있을 텐데. 그것만 이빨로 끊어 버리면, 인간들이 제아무리 생명의 나무를 없애려 해도 소용없지. 그걸 빨리 찾아내야 해."

그런데, 문득 바다 밑바닥에서 무언가 꼬물거리는 것이 보였다.

'아니, 이런 위험한 곳에서 아직도 어물거리는 녀석이 있나?'

가우디는 놀라서 급히 그 곳으로 가 보았다. 거기에는 크고 작은 문어 아흔아홉 마리가 다닥다닥 붙어 앉아 있었다. 그 중에는 나이가 아주 많아 보이는 문어도 있었다.

"문어 여러분들, 지금 뭐하시는 겁니까? 빨리 도망치세요!"

"으음, 말은 고맙지만 우린 다 포기했소. 도망친다고 해도 우리 몸이 낫는 것은 아닐 테니까 말이오. 우린 죽을 날만 기다리고 있다오."

늙은 문어가 쉰 목소리로 대답했다. 그러고는 여덟 개의 다리를 차례대로 하나씩 들어서 가우디에게 보여 주었다. 다리들은 모두 원래 굵기의 세 배 정도나 부어 있었다. 빨판은 썩어서 젤리처럼 흐물흐물했다. 가우디는 속으로 끔찍하다고 생각했지만, 문어의 발 하나를 공손하게 잡아 주었다.

"문어 어르신, 그래도 희망을 가지셔야 합니다."

"희망? 그렇소. 내가 살 수 있었던 건 희망을 가졌기 때문이오. 하지만 지금은 아무 희망도 보이지 않는다오.
인간들이 이 바다에 뭘 버리는지 좀 보시오. 그들은 심지어
핵 쓰레기도 이 곳에 갖다 버린다오. 바다는 넓고 깊으니까
이까짓 것 버려도 될 거야, 하면서 말이오. 하지만 이대로
계속 가다간 언젠가 아주 무서운 일이 터질 거요. 인간은
그 때 가서 후회해 봐야 이미 늦는다는 걸 몰라요. 그 땐
아무것도 돌이킬 수 없을 텐데."

문어의 눈에서 커다란 눈물방울이 굴러 떨어졌다.

"이제 우리 문어들은 다리가 모두 문드러져서 움직이지도
못하게 됐소. 그래서 생명의 나무가 있다는 말을 듣고
여기까지 왔다오. 틀림없이 이 근처라고 했는데……. 벌써
이틀이나 헤맸지만, 아직도 찾지 못했다오."

"그럴 리가 없어요. 저는 조금 전에 이 바다에서 생명의
나무를 똑똑히 보았는걸요. 정말 크고 멋진 나무였어요."

문어는 차분하게 듣고 있다가 머리를 좌우로 흔들었다.

"이보시오, 눈으로 보았다고 생명의 나무가 실제로 있다고
믿으면 안 돼요. 눈에는 온갖 것이 다 보이는 거라오. 배가
고플 때에는 당신의 다리 여덟 개도, 아 참, 미안하오. 당신의

다리 네 개도 죄다 오동통한 물고기처럼 보이지 않소? 우리도
생명의 나무를 눈으로 봤다고 생각했지만, 사실 그건
어디에도 없었소. 아무래도, 생명의 나무라는 건 우리들
마음속에 있는 게 아닌가 싶소. 마치 희망처럼 말이오."

  가우디는 입을 씰룩거리며 불만스럽다는 듯이 말했다.

  "그런 아리송한 말씀은 하지 마십시오. 전 고래들한테 직접
들었어요. 그들은 생명의 나무 덕분에 건강해졌다고 했단
말이에요. 그러니 그 나무는 실제로 있는 거예요. 전 믿어요.
생명의 나무를 지킬 겁니다. 그러려면 빨리 핵폭탄을 찾아서
그걸 없애 버려야 해요. 전깃줄을 끊으면 돼요. 이 튼튼한
이빨로 말입니다!"

  가우디는 충치투성이의 입을 크게 벌리면서 외쳤다.
그러고 나서 앞발을 불끈 쥐어 보였다. 그러자 뒷줄에 앉아
있던 새끼 문어가 발 하나를 힘없이 뻗으며 말했다.

  "거북 아저씨, 정말 용감하시네요. 음, 폭탄이 있다는 건
확실해요. 저도 여러 번 봤거든요. 여기서 그리 멀지 않아요.
북쪽으로 쭉 가면 돼요. 우리 문어들 발걸음으로 이백구십구
걸음이에요. 이백구십구, 잊어버리지 마세요."

가우디는 새끼 문어가 가리키는 방향을 향해 속력을 냈다.

문어 걸음으로 이백이십구 걸음이 걸린다면, 아주 가까운 곳이었다. 얼마 가지 않아, 가우디는 눈앞을 가로질러 늘어져 있는 굵고 검은 줄 하나를 발견했다.

"아, 저거다! 원숭이에게 들은 그대로야. 길게 늘어진 저 전깃줄에 전기가 흐르는 순간 폭탄이 쾅 터진다고 했지. 그래, 당장 이빨로 저 줄을 끊어 버리자."

가우디는 전속력으로 폭탄을 향해 헤엄쳐 갔다. 생각이 많아서 머릿속이 복잡했다.

'내가 이빨로 줄을 끊고 있을 때 인간들이 전기를 넣으면 어떡하지? 아냐. 줄을 끊는 데 시간이 오래 걸리는 건 아니잖아. 전기란 놈도 그 정도는 기다려 주겠지. 아주 잠깐이면 되니까 말이야. 하지만 그래도 만약 전기가 내 몸에 들어오면⋯⋯. 오, 안 돼. 난 전기구이가 되긴 싫다구. 난 살아 돌아가서 로티를 만나야 해. 그래, 별 일 없을 거야. 내가 전기보다 느릴 턱이 없지. 로티, 조금만 기다려 줘.'

모양도 징그럽게 변해 버린, 검붉은 빛깔을 띤 산호가 있는 곳에 이르렀을 때였다. 크고 시커먼 쇠공 하나가 산호 위쪽에 매달려 있었다.

"그래, 바로 이 놈이야! 이게 자연을 다 망쳐 버리는 그 핵폭탄이라는 놈이야. 네놈 때문에 모두 다 죽어 버렸어. 하늘의 공기도, 바다의 물도, 사막의 모래도 모두 방사능에 오염돼 버렸다구. 이 빌어먹을 놈아!"

가우디는 씩씩거리면서 쇳덩어리를 등딱지로 힘껏 들이받았다. 그러나 쇳덩이는 꿈쩍도 하지 않았다. 그저 시커먼 몸뚱이로 바닷속 한가운데 기분 나쁘게 매달려 있을 뿐이었다.

같은 시각, 군함 기지의 사령탑에서는 인간들이 핵폭탄 폭파 단추를 누를 준비를 착착 끝내 가고 있었다. 이제 단추를 누르기만 하면, 핵폭탄은 물 속에서 자동 폭발할 것이다.

"정말 화창한 날씨로군. 이렇게 아름다운 남태평양에서 핵 실험을 한다는 건 정말 근사한 일이야. 몇 번을 되풀이해도 질리지 않는다니까. 게다가 이 얼마나 거룩한 일인가? 세계 평화를 위해 핵 실험을 하고 있으니 말이야."

사령관이 담배를 꼬나물고 거드름을 피우며 말했다.

"부사령관! 근처의 섬사람들은 모두 대피시켰나?"

부사령관이라 불린 사나이가 경례를 하며 대답했다.

"아닙니다! 아직도 많은 사람들이 섬에 남아 있습니다. 핵 실험을 반대하는 데모까지 하고 있습니다."

사령관은 코웃음을 쳤다.

"흥, 신경 쓸 것 없어. 여긴 우리 땅이니까. 삼백 년 전부터 우리 조상들이 이 섬을 발견하고 깃발을 꽂아 두었단 말일세. 우리 바다에서 우리가 실험을 하겠다는데, 자기들이 왜 반대를 해? 게다가 바다는 끝없이 넓고 한없이 커. 이런 폭탄 하나 터뜨린다고 무슨 큰일이 나겠어. 그렇잖은가?"

"네, 그렇습니다. 그리고 이번 실험은 역사적으로도 아주 중요한 것입니다. 다음 대통령 선거에도 큰 영향을 미칠 겁니다. 뿐만 아니라, 이 실험이 성공하면 우리는 21세기의 군사 계획을 완전히 우리 뜻대로 할 수 있을 겁니다."

부사령관은 사령관에게 깍듯하게 대답했다. 그리고 몸을 돌려, 폭파 버튼 앞에 앉아 있는 부하에게 소리쳤다.

"어이, 발사 담당, 누가 방해하기 전에 서둘러! 대통령께서도 일이 잘못될까 봐 걱정하고 계신다구. 빨리!"

"네! 준비 완료됐습니다."

"음, 영광의 순간이 다가왔어. 우리 나라가 남태평양에서 첫 번째 핵 실험을 시작한 이후 구백아흔아홉 번은 모두 성공했지. 이제 드디어 천 번째 실험이 시작됐다구. 핫핫핫! 이거야말로 우리 인간의 위대한 도전이지. 역사에 길이 남을 거야. 자, 카운트다운을 시작해!"

물 위에서 이런 일이 벌어지고 있는 줄도 모르고, 가우디는 전깃줄을 끊기 위해 입을 한껏 벌렸다. 줄을 꽉 깨물었다.

"어이쿠! 이렇게 딱딱할 수가!"

이빨이 부러질 듯이 아팠다. 가우디는 놀라서 식은땀이 다 났다. 단단해 봤자 햇볕에 비쩍 마른 물풀 정도겠지, 하고 짐작했던 것이다.

'오냐, 누가 이기나 해 보자! 자, 한 번 더! 끄응, 그래……, 몇 가닥은 끊어진 것 같군.'

그러나 부서져 흩어지고 있는 것은 전선이 아니라 가우디의 썩은 이빨이었다.

"인간들에게 질 수는 없어. 나는 포기하지 않을 거야.

절대로, 용서하지도 않을 거야. 인간들아, 바다를 내놔라!
하늘도 땅도 돌려줘. 자연을 제발 그대로 놔두라구!"

가우디는 이를 악물었다. 젖 먹던 힘까지 모두 끌어올렸다.
등딱지 깊숙한 곳이 부르르 떨렸다. 모든 바다 생물의 간절한
희망이 가우디의 몸에 실리는 것 같았다.

한편, 물 위의 사령탑에서는 인간들이 카운트다운을
계속하고 있었다. 카운트다운은 배 위의 인간들만 하고 있는
것이 아니었다. 멀리 떨어진 육지에서 아이스크림을 먹으며
텔레비전을 보고 있는 인간들도 모두 함께 큰소리로 숫자를
세고 있었다.

"9"

"8"

"7"

"6"

"5"

"4"

"3"

9, 8, 7, 6, 5, 4, 3…

물 밑에서, 가우디는 여전히 전깃줄을 물고 늘어지고 있었다. 줄을 너무 힘껏 물어서 턱이 빠질 것 같았지만, 아픈 줄도 몰랐다. 가우디의 머릿속에는 아무 생각도 떠오르지 않았다.

"2"

"1"

"0"

"폭파!"

그 순간 엄청나게 뜨거운 전기가 전깃줄을 타고 가우디의 몸속으로 흘러들었다.

"으아아아아아아……."

가우디는 찢어지는 듯한 비명을 질렀다. 무시무시한 전기가 몸속을 뚫고 지나가자, 가우디의 몸은 밝은 주황색으로 번쩍였다. 가우디 주변의 바닷물이 부글부글 끓어오르더니, '슈우욱!' 소리를 내며 높이 솟구쳤다. 가우디의 머릿속으로 지난 일들이 스쳐 지나갔다. 수족관에서의 생활, 탈출, 푸루의 마지막 모습, 그리고 로티……. 아아, 로티!

가우디의 턱으로 다시 한 번 강력한 전기가 쏟아져

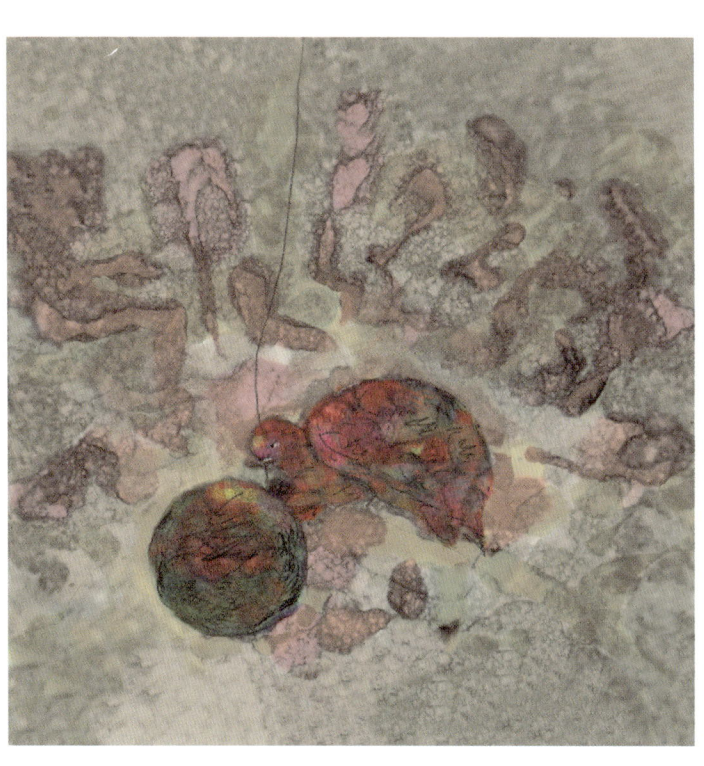

들어오는 순간, 마침내 전깃줄은 끊어졌다. 그리고 가우디는 새까만 숯 덩어리로 변했다. 가우디의 온몸은 산산조각이 났다. 눈, 입, 발과 꼬리도 조각조각 부서져서 사방으로 흩어졌다. 그러나 가우디의 썩은 이빨과 턱은 여전히 전깃줄에 매달려 있었다.

폭탄은 터지지 않았다. 줄이 끊긴 폭탄은 소리도 없이 깊은 바다 밑바닥으로 가라앉았다. 그 위로, 새카맣게 타 버린 거북의 등딱지가 춤을 추듯 천천히 떠다니고 있었다.

가우디의 영웅적인 희생이 있던 바로 그 날이었다. 로티는 그 날도 언덕에 앉아 있었다. 가우디가 돌아오기만을 기다리는 중이었다. 로티의 보이지 않는 눈은 수리아 바다 쪽을 향해 있었다.

'오늘 밤일까, 내일 밤일까?'

새끼 거북이 태어날 순간도 얼마 남지 않았다. 기대와 걱정, 기쁨과 불안이 가슴속을 가득 채웠다.

"가우디는 어떻게 된 걸까? 수리아에서는 모두들 도망쳤다던데……. 그까짓 생명의 나무 잎사귀야 없으면

어때? 하지만 오, 설마 가우디에게 무슨 일이 생긴 건 아니겠지?"

로티는 걱정스러운 얼굴로 수리아 바다 쪽만 쳐다보고 있었다. 언덕 위로 커다란 보름달이 서서히 떠올랐다. 눈부시게 환한 달빛이 언덕 전체를 골고루 비추었다. 그러나 로티는 아무것도 볼 수 없었다. 바다도, 하늘도, 땅도 모두 고요했다. 마치 무슨 일이 일어나기를 기다리는 것 같았다.

"아, 배가 아파……."

로티는 황급히 몸을 돌려 언덕을 기어 내려가, 바다와 맞닿아 있는 백사장에 도착했다. 파도 소리가 로티의 귓가를 간질이고, 상쾌한 밤바람은 로티의 이마를 어루만져 주었다. 로티는 있는 힘을 다해 구덩이를 파기 시작했다. 구덩이를 파고 거기에 알을 낳아야 한다는 것을 아무도 가르쳐 주지 않았지만, 로티는 알고 있었다. 그 가르침은 로티의 몸속 깊숙한 곳에서 저절로 우러나왔다. 로티는 마술처럼 신비로운 대자연의 법칙을 자신도 모르게 깨달아가고 있었던 것이다.

마침내 첫 번째 알이 구덩이 안으로 떨어졌다. 탁구공만 한 작은 알은 모래 위에서 달빛을 받아 사랑스럽게 빛났다.

로티는 기쁨과 고통이 뒤엉킨 숨을 내쉬었다. 알을 부드럽게 쓰다듬는 로티의 두 눈에 눈물이 맺혔다.

예순셋, 예순넷, 예순다섯…….

드디어 구덩이는 백 개의 알로 가득 찼다. 로티는 힘이 다 빠져서 눈도 제대로 뜰 수 없을 정도였다. 달빛이 희미해지고 있었다. 조금 있으면 아침 해가 뜰 것이었다. 주위는 새벽의 신선한 기운으로 가득했다. 로티는 마지막으로 온몸의 힘을 모았다. 앞발과 뒷발로 모래를 끌어다 구덩이를 정성껏 덮었다. 그러고는 그 자리에 푹 쓰러지고 말았다.

"가우디……, 어디 있어요? 가우디이…….."

로티는 숨을 몰아 쉬며 힘없이 중얼거렸다. 로티의 눈에서 눈물이 주르륵 흘러내렸다. 이윽고, 두 눈이 천천히 감겼다. 로티의 영혼은 머나먼 저 세상에서 기다리는 가우디를 찾아 떠난 것이었다.

그로부터 두 달이 지났다. 보름달이 섬 전체를 환하게 비추는 밤이었다. 바닷가 모래밭 위에서 무언가 꿈틀거리고 있었다. 새끼 거북들이었다. 드디어 그들이 태어난 것이다. 백 마리의 새끼 거북들은 알을 깨고, 어미의 등딱지를 밀어젖히면서 힘차게 기어 나왔다. 그리고 달빛에 온몸을 흠뻑 적시며 모래밭 위를 엉금엉금 기었다. 생명의 리듬에 맞춰 끝없이 몸을 흔드는 파도를 향해 나아갔다. 새끼 거북들은 파도 위에서 작은 팔다리를 바동거리며 나뭇잎처럼 동동 떠다녔다. 동그란 눈을 앙증맞게 굴리면서 부지런히 헤엄쳤다. 그들은 마치 자석에 끌리기라도 한 것처럼, 가우디가 잠들어 있는 수리아 바다를 향해 가고 있었다.

  파도가 새끼 거북들을 포근하게 감싸 안았다. 바람이 파도 위에서 모든 생물의 희망을 담아 노래를 부르기 시작했다.

  하늘을 돌려다오
  땅을 돌려다오
  바다를 돌려다오
  자연 그대로
  자연은 우리의 어머니, 우리의 고향
  자연을 돌려다오
  있는 그대로, 그냥 그대로
  자연을 돌려다오

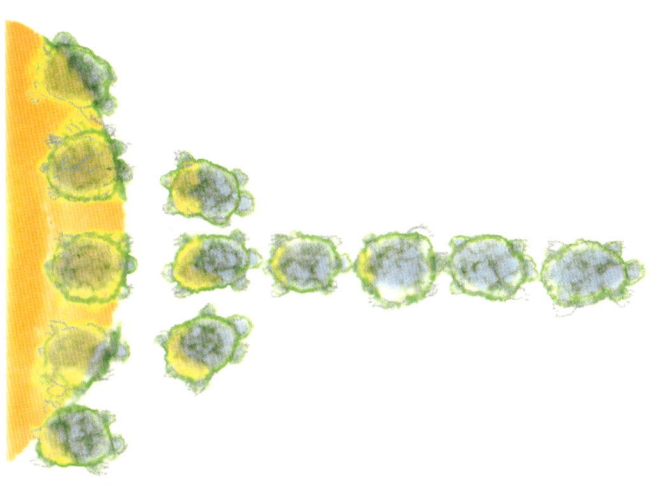

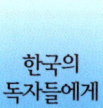
한국의
독자들에게

하늘, 땅, 바다 그리고 인간은 하나
| 다지마 신지 |

    내가 바다거북을 처음 본 것은 1973년, 도쿄의 한 수족관에서였다. 수족관 속의 거북은 입으로 쉴 새 없이 흰 거품을 뿜으며 괴로워하고 있었다. 무척이나 쓸쓸해 보이는 눈빛은 마치 '여기서 나가고 싶어! 자유를 찾고 싶어!'하고 애원하는 것 같았다. 그 거북과 눈이 마주치던 순간, 나는 처음으로 이 책 "바다로 간 가우디"를 써야겠다고 생각했다.

    와세다대학의 학생이었을 때부터 나는 환경 문제에 관심이 많았다. 수천 명의 사람들을 불구로 만든 미나마타 수은 중독 사건처럼, 인간이 오염시킨 자연이 인간을 죽이는 현상은 자연의 무시무시한 경고였다. 나는 아시아 태평양 지역을 여행하면서 환경오염이 점점 더 심각해지고 있다는 것을 깨달았다. 더 이상 지켜보고만 있어서는 안 될 문제였다.

    모든 것은 물과 연결되어 있다. 우리가 물을 더럽히면 물은 결국 인간에게 돌아와, 우리를 더럽히고 상처 입힌다. 농약과 화학비료, 핵 쓰레기 같은 물질들로 오염된 강과 바다는 결국 인간의 건강을 해치고 나아가 사회, 문화, 경제 등 인간의 모든 생활기반을 무너뜨릴 것이다.

나는 원래 가우디가 수족관을 탈출한 것을 후회하며 죽는다는 것으로 이야기를 마칠 생각이었다. 그러나 작품을 거의 다 써 갈 무렵 마음을 바꾸었다. 희망의 메시지를 전하고 싶었기 때문이다. 그래서 새롭게 구상한 이야기는 로티가 새끼 거북들을 낳는 것으로 끝난다. 새끼 거북들은 생명의 나무를 찾아 수리아 바다로 떠난다.

나는 굳게 믿는다.

"누구나 마음속에 생명의 나무를 가지고 있다. 그것이 바로 희망이다."

이 이야기를 완성하는 데 무려 20년이나 걸렸다. 책이 나오기까지 많은 어려움이 있었지만 충분히 보람 있는 과정이었다고 생각한다. 이 작품은 13개 국어로 소개되어, 지금 일본과 한국 외에도 태국, 인도네시아, 이란, 필리핀, 스리랑카, 방글라데시, 라오스, 말레이시아, 미얀마, 파키스탄, 베트남 등

아시아 각국에서 널리 읽히고 있다.

    나의 절친한 친구인 강우현에게 감사한다. 그의 영혼이 깃든, 섬세한 아름다움과 날카로운 깨달음이 어우러진 그림들이 이 책의 곳곳에 신선한 활력과 감동을 불어 넣어 주었다. 계수나무 출판사 여러분께도 진정으로 감사드린다. 그 분들은 내가 이 책을 출판하기까지 끊임없이 나를 격려해 주었고, 창의적인 의견들로 용기를 북돋워 주었다.

    이 책을 미래를 위해 땀 흘릴 준비가 되어 있는 한국의 어린이들에게 바친다. 앞날을 긍정적으로 바라보고, 주위의 모든 것에 애정을 가질 줄 알고, 옳은 일을 위해 용기를 낼 줄 아는 우리 어린이들이야말로 이 시대의 마지막 희망이다.

    21세기는 어린이에게 달려 있다.

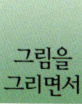

그림을
그리면서

가우디의 본마음은?

| 강우현 |

다지마 선생은 나의 오랜 친구이자 스승이다. 그를 처음 만난 건 1985년, 일본의 유네스코 아시아문화센터가 주관하는 출판 디자인 연수에 참가했을 때였다. 당시 그는 연수 코스의 담당자이자 아시아 태평양 지역의 도서개발 책임자였다.

사흘째 되던 날, 그의 집에 초대를 받아 밤새워 이야기를 하던 중이었다. 그가 느닷없이 원고 뭉치를 내밀며 물었다. "자연 속에서 인간은 하나의 방랑자일 뿐이라는 이 글에 그림을 그려 보시지 않겠어요?" 제목은 '사막의 공룡'이었다.

나는 그 글에 그림을 그렸고, 그 그림은 이듬해 노마 콩쿠르에서 대상을 받았다. "사막의 공룡"은 1988년 일본에서 처음으로 출판되었다. 1990년에는 역시 다지마 선생과의 공동작 "유끼야마"가 일본에서 출판되었다.

그 뒤에도 우리는 매년 섣달 그믐날, 보신각 종소리가 울려 퍼질 즈음이면 서로 새해 인사를 나누고 있다. 전화로.

    그의 글들은 대부분 자연과 인간의 관계를 그린다. 자연을 자연 그대로, 인간이 자연을 파괴할 자유나 권리가 없다는 것, 나는 그의 주장에 찬성한다. 1991년부터 환경 운동에 관심을 갖고 뛰어든 것이나, 문맹자를 위한 아시아 지역의 연구 발표회에 참가한 것도 모두 그와의 인연 때문이다. 그와의 만남이 결국 나의 인생을 바꾼 셈이다.

    그는 지금 아이들을 위한 동화책 보급과 교육 사업에 힘쓰고 있다. 주로 네팔, 파키스탄, 미얀마 등 구호의 손길이 잘 미치지 않는 오지의 어린이들을 위한 활동이다. 그 나라들에서 그는 환경 파괴의 또 다른 면들을 발견한다고 했다. 교육 받지 못한 이들이 나무를 마구 베어 내고 오염된 물을 마시면서 살아가는 모습과 선진국 사람들이 저지르는 문명 중심의 환경 파괴 행위가 그것이다.

    이 책은 가우디라는 거북을 등장시켜, 그러한 문명과 비문명 사이의 갈등을 그린 작품이다. 나는 이 책에 진작 그림을 그렸어야 했다. 하지만 지난 2년 동안 아무것도 그릴 수 없었다. 다지마 선생의 마음을 너무나 잘 이해하는 나로서는 감히 붓을 들 수가 없었기 때문이다. 그림을 그리려 하면 그의 얼굴이 먼저 떠올랐다. 가우디의 표정이 겹쳐지기도 했다. 그는 나를 도쿄의 시나가와에 초대해서 거대한 수족관을 보여 주기도 했다. 수족관에 갇힌 거북이 유유히 헤엄치는 모습을 보았지만, 그것은 가우디의 표정이 아니었다. 하여간 지금, 나는 아직도 가우디의 표정을 그릴 수 없다.

   이 책의 그림은 그래서 표정이 특이하다. 나는 고향 바다를 찾아가는 거북의 진지함보다 오히려 인간에 대한 비웃음을 나타낼 수밖에 없었다. 그게 가우디의 본마음이라 여겨졌기 때문이다. 나는 또한 대부분 표정을 생략했다. 다지마 선생의 글에는 이미 모든 설명이 나타나 있다. 굳이 그림으로 두말할 필요가 없는 것이다.

   나의 드넓은 작업장 남이섬에는 온통 새소리가 요란하다. 토끼들도 사슴들도 모두 자유롭게 살아간다. 인간과 동물과 숲은 서로 조화를 이루어야 한다. 가우디와 같은 존재들로부터 인간이 더 이상 조롱당하지 않기 위해서라도 말이다.

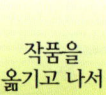
작품을
옮기고 나서

죽음을 부르는 카운트 다운

| 김미월 |

    책을 읽다 보면 세상의 모든 것들이 다 사라지고, 책과 나만이 남은 듯한 순간을 경험할 때가 있다. 독자에게 최고의 행복이란 바로 그런 책을 만나는 순간이 아닐까. 나에게는 이 책이 그러했다. "바다로 간 가우디(원제: Gaudi's Ocean)".

    책장을 덮었을 때, 내 가슴에 일었던 잔잔한 폭풍(이런 표현이 가능하다면)을 어찌 잊을 수 있으랴. 재미있고 유쾌하게 읽히는 책. 그러나 의식하지 못하는 사이에 정신의 뒤통수를 얼얼하게 만드는 책.

    가우디는 이 책의 주인공인 바다거북의 이름이다. 수족관 속에서 살던 가우디는 대자연의 바다가 그리워서 탈출을 결심한다. 천신만고 끝에 돌아간 바다에서 그가 벌이는 사투……. 가우디의 이야기는 우리에게 많은 고민들을 던진다. 바다, 하늘, 땅, 이 세상 만물에 대해 가볍지 않은 질문을 안겨

준다. 인간은 이들과 다른가? 이들 없이도 살 수 있는가?

환경 문제는 이제 생존 문제가 되어 버렸다. 인간이 더럽힌 자연은 다시 인간의 삶을 파괴한다. 지금도 지구상의 수많은 생물들이 인간의 이기심 때문에 고통받고 있다. 그 고통은 조만간 수십 배의 강도로 인간에게 되돌아올 것이다. 자연을 파괴하는 것도 인간이지만, 자연을 이용하고 그 혜택을 가장 많이 누리는 것도 인간이기 때문이다.

이 책은 바로 그 환경 문제의 심각성을 여러 동물들의 입을 빌려 주장한다. 그러나 동물이 화자로 나오지만 결코 가볍지 않고, 묵직한 주제를 전하지만 결코 지루하지 않다.

나는 이 작품을 번역하는 내내 매우 행복했다. 먹어도 먹어도 질리지 않는 음식처럼, 읽고 또 읽어도 재미있는 글에 우리말 옷을 입히는 과정은 경이롭기까지 했다. 게다가 다지마 선생님과 강우현 선생님은 환경 운동가로서, 작가와 일러스트레이터로서, 국경을 넘어 우정을 나누는 친구로서 아름다운 관계를 지속해 오신 분들이다. 내가 그 분들의 이십 년 환경 사랑 운동에 동참할 수 있게 되었다는 것은 개인적으로도 더없이 영광스러운 일이다.

"바다로 간 가우디"는 바로 지금, 이 곳, 우리들의 이야기다.

들리는가? 환경 파괴, 지구 멸망을 알리는 저 카운트다운 소리가. 가우디가 바닷속에서 핵폭탄의 줄을 끊기 위해 안간힘을 쓸 때, 물 위에서는 인간들이 아이스크림을 먹으며 카운트다운을 시작한다. "9, 8, 7, 6, 5, 4, 3······." 그 긴장과 안타까움이 어린 독자들의 가슴을 졸이고도 남는 이 대목에서, 나는 아주 오랫동안 내가 '인간'인 것을 가슴 아파해야 했다.

여기에 세세한 줄거리까지 적고 싶지는 않다. 독자가 옮긴이의 말만 보고 책 전체를 지레 짐작해 버리는 불행한 일을 막기 위해서다. 포도주의 맛을 보기 위해 포도주 한 병을 다 마실 필요는 없다. 그러나 이 책의 감동을 맛보기 위해서는 책 한 권을 끝까지 다 읽어야 한다.

"하지만 이대로 계속 가다간 언젠가 아주 무서운 일이 터질 거야. 인간은 그 때 가서 후회해도 이미 늦어. 그 땐 아무것도 돌이킬 수 없을 거라구."

그렇다. 이미 늦었는지도 모른다. 그러나 아직은, 인간이 할 수 있는 일이 남아 있다. 아무것도 돌이킬 수 없는 때가 오기 전에 우리는 무엇을 해야 할 것인가. 죽음의 카운트다운이 끝나기 전에.